上善书系

春雨集

校长
寄语中学生

朱华伟　著

中国人民大学出版社
· 北京 ·

图书在版编目（CIP）数据

春雨集：校长寄语中学生 / 朱华伟著. -- 北京：
中国人民大学出版社，2024.12. --（上善书系）.
ISBN 978-7-300-33627-5

Ⅰ. G637-53

中国国家版本馆 CIP 数据核字第 2025VT9670 号

上善书系
春雨集：校长寄语中学生
朱华伟　著
Chunyuji：Xiaozhang Jiyu Zhongxuesheng

出版发行	中国人民大学出版社				
社　　址	北京中关村大街 31 号		**邮政编码**	100080	
电　　话	010 - 62511242（总编室）		010 - 62511770（质管部）		
	010 - 82501766（邮购部）		010 - 62514148（门市部）		
	010 - 62515195（发行公司）		010 - 62515275（盗版举报）		
网　　址	http://www.crup.com.cn				
经　　销	新华书店				
印　　刷	中煤（北京）印务有限公司				
开　　本	720 mm×1000 mm　1/16		**版　　次**	2024 年 12 月第 1 版	
印　　张	16.5 插页 1		**印　　次**	2024 年 12 月第 1 次印刷	
字　　数	190 000		**定　　价**	58.00 元	

《孟子·尽心上》有言："君子之所以教者五：有如时雨化之者，有成德者，有达财者，有答问者，有私淑艾者。此五者，君子之所以教也。"

时光悠悠，回首过往八载，在与深中学子相伴的日子里，诸多场景历历在目——开学时的满怀期待、毕业之际的不舍叮嘱、成人礼上的殷殷嘱托……如今把它们整理成册，既是对往昔岁月的一种纪念，更是希望能继续以这份文字里的力量，陪伴更多年轻朋友前行。

人生漫漫，其间最具蓬勃朝气、熠熠生辉的主题莫过于青春和成长。因此，在本书的前言部分，我想和所有年轻的朋友聊聊青春和成长。

我的书架上，有一本早年出版的旧书《朱自清全集》，前些天将其取下随手翻阅的时候，看到了这段熟悉的句子："燕子去了，有再来的时候；杨柳枯了，有再青的时候；桃花谢了，有再开的时候。但是，聪明的，你告诉我，我们的日子为什么一去不复返呢？"

大家在小学就学过《匆匆》这篇课文，今天将这段话再次与正青春的你们分享，是希望年轻的朋友们一定记得：岁月匆匆有时尽，韶华不为少年留。青春是美好的，但同时，青春也是短暂的，请你们千万不要在逃去如飞的日子里踟蹰惆怅，要倍加珍惜并牢牢抓住这宝贵的青春时光。

席慕蓉说"青春是一本太仓促的书"，但是只要你们志存高远、胸怀梦想，脚踏实地、勤勉奋进，即使在有限的绚烂年华里，也会有一万种方式，去实现自己的人生理想。

在青春如飞的日子里，最美好的词汇，莫过于"成长"。成长不仅是年龄的增长、阅历的增加，更是知识的丰富、心境的成熟——褪去了浮躁，迎来了平和。平和不代表蹉跎，而是面对挫折从容不迫，面对梦想坚定执着。有人会在历经沧桑后磨平所有棱角，有人会在看透生活后保留一丝锋芒。我希望，你们是后者。只要在年轻时为生命涂上奋斗的底色，那么不论是 18 岁，还是到 38 岁、58 岁、78 岁、98 岁，我相信你们都会拥有青春的梦想、奋斗的激情。

成长，意味着独立和担当。

独立，不是简单地摆脱父母的约束，而是如陈寅恪先生所言："独立之精神，自由之思想"。当今世界，信息过载、思想纷繁，拥有独立思考的能力就显得尤为重要。只有博学慎思，明辨笃行，不人云亦云，不亦步亦趋，才能处变不惊、从容不迫。

担当，不是一种外在的强加，而是一种内在的自觉与选择。它源自对自我价值的深刻认识，以及对社会、家庭、朋友等周围环境的深切关怀；意味着在关键时刻能够挺身而出，勇于承担责任，不畏艰难困苦。今日之中国是一代又一代先辈用牺牲与奉献所造就的，而一代人有一代人的责任与担当，时代的接力棒终将交到你们手中，请你们尽力将自己锻造成器，为创造更好的明天，时刻准备着。

年轻的朋友们，青春是一首歌，它嘹亮，它奔放。百余年前，中国共产党用一次次惊人的壮举引领时代前进的步伐，书写了开天辟地的大事记；百余年来，中国共产党带领全国人民为实现中华民族伟大复兴披荆斩棘，创造了一个又一个惊天动地的世界奇迹。如果青春会唱歌，那么它的主题曲一定是"没有共产党，就没有新中国"。

年轻的朋友们，青春是一条河，它奔腾，它壮阔。你们出生在一个伟大的国家，成长在一个繁荣的时代，正经历着一生最好的年华；你们同样有着信仰至上、博爱苍生、自强不息的红色基因。如果青春会流淌，那么无数的涓涓细流，终将汇入祖国发展、世界进步的大江大河。

中国共产党创始人之一李大钊同志说过，青年要"为世界进文明，为人类造幸福，以青春之我，创建青春之家庭，青春之国家，青春之民族，青春之人类，青春之地球，青春之宇宙，资以乐其无涯之生"。

亲爱的朋友们，青春是一首歌，因奋斗而气势磅礴；青春是一条河，因奋斗而波澜壮阔。你们的人生之路还很长，青春激扬，从今天起，以奋斗之笔谱写璀璨华章！

值此《春雨集》付梓之际，我满怀激动与感恩之情，感谢深圳市委市政府、市教育局对深中的正确领导和大力支持，感谢社会各界对深中的高度认可和深切关爱，也特别感谢深中的各位同事为深中发展的无私奉献以及对我工作的倾力支持，感谢为部分演讲提供相关底稿和基本材料的各位同仁。同时，感谢中国人民大学出版社编辑在本书出版中所做的工作。书中如有疏漏与不妥之处，恳请广大读者朋友不吝赐教，予以指正。

李笑伟

2024 年 12 月 23 日

第一辑　家国情怀　大爱无疆

第二辑　为者常成　行者常至

第三辑　无悔青春　奋斗以成

第四辑　博观约取　厚积薄发

第五辑　十八而志　学以成人

第一辑

家国情怀　大爱无疆

　　爱国是感性的，是对生于斯、长于斯的这片土地的深厚感情和真挚眷念；爱国也是理性的，是对国家、民族命运和前途的高度责任感与报国奉献精神。爱国不是抽象的，它必然要落实到每个具体的人身上，体现在每个爱国者的认知、情感、意志和行为中。希望朝气蓬勃的你们恪守知国之理、爱国之情，多读点历史、常关注时事，努力提升和完善自己，在崇高志向的指引下实践报国之行。

1-1

使命在途，永葆初心

——在深中庆祝中华人民共和国
成立70周年大会上的演讲

2019年9月29日，在深中庆祝中华人民共和国成立70周年大会上，朱华伟校长与师生代表一同领唱，带来了一场燃爆全场的大合唱《我和我的祖国》。这一场点燃深中人爱国热情的盛会，是深中人欢庆中华人民共和国成立70周年的献礼，祝福我们伟大的祖国繁荣昌盛！

尊敬的各位老师、亲爱的同学们：

大家早上好！在这举国欢腾的日子里，我们将迎来中华人民共和国成立70周年华诞，身为中华儿女，我们相聚在这里，向我们的伟大祖国送上最诚挚的祝福与最美好的祝愿。

深圳，这座勇立潮头的城市，沐浴着改革开放的荣光，在一代代深圳人前赴后继地拼搏建设中，从落后的小渔村发展成繁华的国际大都市。深圳中学，这所唯一以深圳这座城市命名的中学，在一群有着浓烈教育情怀的老师们的辛勤耕耘下，在一群对深中饱含热爱的赤子们的追随下，气象迭新，从只有几百平方米的二层小楼——"雍睦堂"，一跃成长为广东领先、全国一流名校。在深圳建设中国特色社会主义先行示范区的征途中，深中勇担使命，正朝着中国特色世界一流高中迈进。

雍睦堂

　　中华民族源远流长，在五千年的历史长河中，创造了灿烂的文明；近代中国，由于西方列强入侵，山河破碎，生灵涂炭，中华民族遭受了前所未有的苦难；革命年代，中国人民以血肉之躯筑起拯救民族危亡的钢铁长城；中华人民共和国的成立犹如日出东方，开辟了中国历史的新纪元；建设岁月，中国人民筚路蓝缕，在实现民族复兴的道路上阔步前进，为经济社会发展打下了坚实基础；改革开放以来，全国人民同心同德，协力向前，以一往无前的进取精神和波澜壮阔的创新实践，书写了举世瞩目的"春天的故事"。

　　"70年披荆斩棘，70年风雨兼程"，当代中国一路跋山涉水的历史，就是一部中国人民的英雄史、奋斗史、精神史。如今，中华民族迎来了从站起来、富起来到强起来的伟大飞跃。步入中国特色社会主义新时代，无数中华儿女当以"坚如磐石的信心、只争朝夕的劲头、坚韧不拔的毅力"奋力实现中华民族伟大复兴的中国梦。

近日，《我和我的祖国》唱遍大江南北，"我和我的祖国，一刻也不能分割，无论我走到哪里，都流出一首赞歌……"简单的文字里，流淌着几代中国人对祖国母亲的深沉爱恋。中华人民共和国成立，身在美国的钱学森激动万分，他说："我是中国人，我可以放弃这里的一切，但绝不能放弃我的祖国。"回国后的钱学森，用自己毕生的情感、智慧和忠诚，书写了一位爱国科学家的辉煌人生。爱国，不是一句空洞的口号，它总是在具体的行动中得到诠释，它总是能凝聚成亿万人民为祖国发展不懈奋斗的力量源泉。

"芳林新叶催陈叶，流水前波让后波。"同学们，希望你们以史为鉴，"无论我们走得多远，都不能忘记来时的路"；希望你们读懂70年砥砺前行的艰辛与辉煌，明白"艰难困苦，玉汝于成"的道理；希望你们读懂40年改革开放的探索与开拓，明白"为者常成，行者常至"的真谛；更希望你们能将饱满的爱国情怀注入中华民族复兴的伟大使命中，把个人的理想同国家的前途、命运联系在一起，勇于担当，敢于创新，成为具有家国情怀和世界眼光的建设者和接班人。

昨天，中国女排以十连胜佳绩提前一轮蝉联2019年第十三届女排世界杯冠军。女排主教练郎平赛前接受记者采访时说："只要穿上带有'中国'字样的球衣，就是代表祖国出征，为国争光是我们的义务与使命，我们的目标是升国旗、奏国歌！"同学们，当每一次国旗升起，每一次国歌奏响，我都希望你们能自豪地说出："我爱你，中国！"

谢谢大家！

2019 年 9 月 29 日

修身报国，不负使命
——在初中部升旗仪式上的演讲

尊敬的各位老师，亲爱的同学们：

大家上午好！

今天是 9 月 25 日，80 年前的今天，八路军在山西省大同市平型关附近打了抗战时期的第一场胜仗，也就是历史上著名的"平型关大捷"。这让我想起了上周九一八事变纪念日的那天，凄厉的防空警报声划破深圳上空。同学们是否想过，每年的警钟为何长鸣？警钟又是为谁而鸣？它是为了提醒每一个中国人，尤其是你们——祖国未来的希望和栋梁，勿忘国耻，不负使命。1931 年，九一八事变爆发，中华民族自此开启了长达 14 年的浴血奋战，大半个中国被践踏，3500 多万同胞伤亡。同学们不能忘记，那是一段悲惨屈辱的苦难历史，也是一部民族觉醒的悲壮史诗。尽管战争已经远去，但在日本帝国主义侵华期间，所有惨遭杀戮的死难同胞，值得我们永远悼念；抗日战争中所有英勇献身的烈士和为之做出贡献的人们，值得我们永远缅怀。不忘历史，是为了以史为鉴，为了警醒全世界人民共同避免历史悲剧的重演，更好地维护世界和平。

五天后，就是"十一"国庆节，在这个小长假里，我希望同学们在游览祖国大好山河的同时，更要感受一下祖国日益繁荣的气息。你们可以去看看北京的天安门城楼，她曾经见证了中华人民共和国成立的历史性一刻，68 年来，她也经历了中华民族的沧桑，更见证了祖国今日的辉煌。从去年的 G20 杭州峰会，到今年 5 月的"一带一路"国际合作高峰论坛和 9 月的金砖国家领导人第九次会晤，两年时间，三次主场外交，所有国人都清晰地感受到大国的魄力和担当。

同学们，"天地英雄气，千秋尚凛然"。大国崛起的背后是无数民族英雄的无私奉献和默默付出。9 月 15 日，国际天文界的一流科学家南仁东与世长辞。他是中国"'天眼'之父"，"天眼"是世界上最大、最灵敏的单口径射电望远镜，就是这项工程，让外国所有的天文学家望尘莫及；就是南仁东，让中国成为世界上看得最远的国家。我们所有人都应当缅怀这位伟大的科学家，并以他为榜样，继续勇攀科学高峰，主动承担起建设祖国未来的责任和使命。

同学们，你们都是"00 后"，你们诞生于一个蕴藏巨大能量和发展空间的时代。周恩来总理去日本留学前，曾给好友赠言说："愿相会于中华腾飞世界时"。同学们很幸运，因为你们就生活在"中华腾飞于世界"的时期，改革开放近 40 年来的辉煌成就，深圳经济特区 37 年发展的累累硕果，深圳中学建校 70 周年的历史积淀，这些都是你们拥有的宝贵财富，希望你们珍惜历史机遇，珍惜宝贵资源，发愤图强，为中华崛起而读书。

祖国的美好未来是由青少年创造的，我希望你们继续弘扬爱国主义精神，勤学苦练，锤炼品格，志存高远，修身报国。习近平总书记在十八届中央政治局第二十九次集体学习时的讲话中指出："爱国主义精神深深植根于中华民族心中，是中华民族的精神基因。"同学们，爱国其实并不遥远，但爱国绝不是口号，爱国的"爱"是动词，是行动。好好学习、天天向上就是爱国；文明礼貌、遵纪守法就是爱国。从小事做起，从基础做起，一步一个脚印，积跬步方能至千里。你们在深中三到六年的时间里，不仅是要掌握一些具体的知识和技能，更重要的是懂得"身居斗室，而心系天下"，把个人理想融入国家和民族的视野当中去，真正成长为堂堂正正，坦坦荡荡，有灵性、有血性、有担当、有作为的深中人。

最后，我想与大家分享一段黄大年曾写下的感人誓言："人的生命相对历史的长河不过是短暂的一现，随波逐流只能是枉自一生，若能做一朵小小的浪花奔腾，呼啸加入献身者的滚滚洪流中推动历史向前发展，我觉得这才是一生中最值得骄傲和自豪的事情。"

亲爱的同学们，"今日之责任，不在他人，而全在我少年。少年智则国智，少年富则国富，少年强则国强"。你们每个人都肩负着中华民族伟大复兴的艰巨历史使命，愿你们发愤图强，早日成为中华之脊梁！

谢谢大家！

2017 年 9 月 25 日

1-3

扣好青年时代的第一粒扣子
——《深圳青年报》发表文章

99 年前，一批青年学生和知识分子掀起了一场伟大的反帝反封建爱国运动。历史发展到今天，尽管物换星移、时过境迁，五四运动所孕育的爱国、进步、民主、科学精神，表现出的强烈的民族忧患意识和奋发图强的拼搏精神依然是代代青年的不懈追求。习近平总书记在 2014 年五四青年节与北大师生座谈时强调："青年的价值取向决定了未来整个社会的价值取向，而青年又处在价值观形成和确立的时期，抓好这一时期的价值观养成十分重要。这就像穿衣服扣扣子一样，如果第一粒扣子扣错了，剩余的扣子都会扣错。"

"青年者，人生之王，人生之春，人生之华也。"青年时期的发展决定着未来的人生轨迹，青年一代的成就决定着一个国家的未来。如何扣好青年时代的第一粒扣子？树立正确的世界观、人生观、价值观，不断学习和践行社会主义核心价值观至关重要。

"在社会主义核心价值观中，最深层、最根本、最永恒的是爱国主义和家国情怀。"爱国是感性的，是对生于斯、长于斯的这片土地的深厚感情和真挚眷念；爱国也是理性的，是对国家、民族命运和前途的高度责任感与报国奉献精神。爱国不是抽象的，它必然要落实到每个具体的人身上，体现在每个爱国者的认知、情感、意志和行为中。希望朝气蓬勃的你们恪守知国之理、爱国之情，多读点历史、常关注时事，努力提升和完善自己，在崇高志向的指引下实践报国之行。正如易卜生对青年朋友说过的一句话："你要想有益于社会，最好的法子莫如把你自己这块材料铸造成器。"

2017 年，深中在确立未来办学定位——建设中国特色世界一流高中的基础上，提出了新的培养目标——培养具有中华底蕴与国际视野的拔尖创新人才。经济全球化的今天，我们希望学校培养的学生在未来融入世界浪潮的同时，不忘坚守民族精神和家国情怀，不忘为祖国和世界做出自己的贡献。深中 2002 届校友刘若鹏在美国获得博士学位后，毅然选择了回深圳创立光启研究院。他是近些年科技创新领域中名副其实的"领跑者"，在今年参加两会接受采访时说的一段话让我印象深刻："我为能有机会做这些顶尖的科技项目而感到自豪和光荣。对于我们这些在海外留学的博士来说，'报国有门'，能将科技创新书写在祖国大地上就是对我们最大的吸引！"

五四青年节是对历史上爱国青年的纪念，你们是祖国未来的希望之光。期盼广大青年能够修德、勤学、明辨、笃行，用当代青年应有的价值追求引领整个社会的价值取向，以青年最灵敏的价值晴雨表去刻画出整个社会的价值走向。

——本文刊发于《深圳青年报》2018 年 5 月 1 日

用世界的眼光看中国
——在泛珠三角高中生模拟联合国 大会开幕式上的致辞

尊敬的各位老师、亲爱的同学们：

大家下午好！

今天非常高兴与大家一起见证并参与这样一场学术盛宴。作为来自泛珠三角地区五十七所高中的优秀代表，你们的到来给深圳中学注入了生机与活力，请允许我代表学校向各位参会代表表示最诚挚的欢迎，对本次大会的召开表示最热烈的祝贺！

模拟联合国大会

同学们牺牲假期时间，积极踊跃参会，这无疑展现了大家对模联活动的热情与激情。"模联人以独立之精神、自由之思想实践对社会事务的关注，以公民之责任、青年之使命寻找世界的范式。"希望你们珍惜这么宝贵的交流平台，互学、互鉴、共成长，积极探索在新时代的背景下，如何成为人类命运共同体的积极参与者和伟大中国梦的忠实实践者。下面，我借此机会给大家具体提两点建议。

第一，关心世界局势，培养全球视野。

人类现实社会就是一个矛盾的统一体，有许多矛盾，也有许多追求的共同点。我们可以把这些共同点汇集为：和平发展、合作共赢。"一花独放不是春，百花齐放春满园。"世界各国都得到发展，中国的发展才能得到保障；中国的发展得到保障，才能为各国的发展做出更大贡献。

同学们，人类命运的福祉与进步需要当代青年勇担重任，希望你们以崇高的理想建设和谐人类家园；国际秩序的维护与建设要求当代青年厚积薄发，希望同学们以包容的胸怀贡献非凡中国智慧。

第二，坚守家国情怀，心系祖国发展。

拥有国际视野，就会让我们更加懂得如何"用世界的眼光看中国"，如何在全球化的浪潮中发出中国声音，讲好中国故事。党的十九大报告提出了我国发展的战略安排：到 2020 年全面建成小康社会，到 2035 年基本实现社会主义现代化，到本世纪中叶把我国建成富强民主文明和谐美丽的社会主义现代化强国。

同学们，你们生逢其时，同时也重任在肩。"全面建成社会主义现代化强国"的中国梦是民族的梦，也是我们每一个人的梦。中华民族的崛起与复兴期盼当代青年继往开来，以报国热忱铸就崭新时代风采。

以上提到的这两点既是我对同学们的建议，也是提供给大家在本次或今后模联大会上探讨的方向或主题。

举办此次会议的深圳中学模拟联合国协会是深中一百多个社团中最具影响力的社团之一，在 2014 年全国中学生模拟联合国大会、2016 年粤港澳中学生模拟联合国大会、2018 年北京大学高中生模拟联合国大会中均荣获最佳组织奖。我相信在深中模联协会的带领下，本次活动必定可以为 300 余位代表提供一个交流共享、百家争鸣的平台，期待大家的精彩表现！

最后，希望同学们在活动中保持愉快的心情并有丰硕的收获，预祝本次大会圆满成功！

谢谢大家！

2018 年 7 月 24 日

中国脊梁，民族希望
——新冠疫情期间线上直播课程之"校长第一课"

尊敬的各位老师、亲爱的同学们：

大家上午好！

首先，我代表学校向奋战在新冠疫情防控第一线的工作者致以崇高的敬意，向目前仍身在湖北的深中师生致以亲切的问候："请你们多保重，注意防护，盼早日平安归来！"

这个春节，突如其来的新冠疫情，对每一位国人来说都是一次严峻的挑战、一场艰巨的考验。学校把做好新冠疫情防控、保障师生员工生命安全作为当前最重要的任务：第一时间成立疫情防控领导小组，建立全覆盖的工作体系，设立综合协调、医疗保障、教育教学、学生工作、教职工工作、后勤保障、校园管控七个工作组，及时协调处理师生关切的问题，有效落实上级疫情防控的各项部署。

同时，学校根据教育部、广东省教育厅和深圳市教育局关于2020年春季学期延期开学的通知，结合《深圳中学防控新型冠状病毒感染的疫情方案》，制定了《2020年春季学期延期开学线上直播课程的方案》。学校分年级、分学科为延期开学的学生提供在线学习、线上辅导及线上同步测评。为了帮扶教育资源不足地区的学校师生，包括我校对口扶贫的学校师生，本着共享深中优质教育资源的原则，此次线上直播课程面向社会开放，全国范围内有需求的学生均可同步在线学习。

新冠疫情发生后，我们看到许多逆行者奋战在抗疫一线，他们是这个时代最可爱的人。今天，他们为找回我们的幸福乐园不惧生死，执着坚守在最前线。今后，我希望你们能够像他们一样，不畏艰难，敢为人先，成为未来中国的希望和脊梁。

希望是暗夜里的一束光芒。

这次新冠疫情暴发后，一位 84 岁的老者让全中国人民为之敬仰，他就是 17 年前曾领军抗战"非典"的钟南山院士。钟院士虽已到耄耋之年，但当国家陷入危难之时，他仍然选择奋不顾身地为国出战，奔走于抗疫一线，肩负起人民的重托。为什么钟院士不顾个人安危，义无反顾地为全国人民冲锋陷阵？那是因为，这位年迈的英雄深知：他就是那束光，处在水深火热中的人们盼望着它闪耀在阵地上。

同学们，这次新冠疫情的阴霾终将散去，正如人生总是在黑暗与光明的交替中进行，但是我希望未来的你们不要那么快忘记黑暗，要时刻提醒自己做一个光明的追求者，努力学着前辈的模样，做照耀黑暗的那束光，照亮这个时代。就像诗人赫尔曼·黑塞曾写道："我们还站在昏暗中，怀着柔和的梦想，渴望走进那光明中，自己也化为光。"

同学们，每个人都会遭遇困境，但只要内心有光明，就不怕陷入黑暗。无论世界如何变化，无论我们面临的暗夜是长是短，"此后如竟没有炬火，我便是唯一的光"，都会成为你们永远向前的信念，正如鲁迅在《热风》中所愿："愿中国青年都摆脱冷气，只是向上走，不必听自暴自弃者流的话。能做事的做事，能发声的发声。有一分热，发一分光，就令萤火一般，也可以在黑暗里发一点光，不必等候炬火。"

脊梁是向上走的一股力量。

人生中，每一次追求都应是一场没有妥协和退缩的战役。就像这次抗疫之战，为了顺利渡过难关，我们要抗争到底，矢志不渝，勇往直前，直至取得胜利。

鲁迅在《中国人失掉自信力了吗》一文中有这样一段话："我们从古以来，就有埋头苦干的人，有拼命硬干的人，有为民请命的人，有舍身求法的人……这就是中国的脊梁。"——这也是中华精神的精髓所在，这样的精神一直在中国人的心中萌芽、生根，直到成长。埋头苦干的人是无私的奉献者，他们不懈努力，为的是将这个社会带到更好的方向；拼命硬干的人，他们舍生忘死，为的是改变不平等的社会关系；为民请命的人，他们心系百姓，心系天下；舍身求法的人，他们不惜一切代价维护社会的公平和正义。这样的人越多，中国的未来越有希望。

我希望，深中培养的每一位学生都能够成为这样的人，志存高远、心怀天下，敢于担当、勇于作为，以民族兴旺、国家昌盛为己任，尤其是在危机来临之时，不畏惧，不退缩，挺身而出，战胜灾难，成为国家的中流砥柱。纵览前贤，范仲淹"先天下之忧而忧，后天下之乐而乐"，顾炎武"天下兴亡，匹夫有责"，周恩来"为中华之崛起而读书"，这些都给我们以丰富的人生启迪。巴金曾说："我们的祖国并不是人间乐园，但是每一个中国人都有责任把它建成人间乐园。"

同学们，这次新冠疫情或许给我们带来了很多迷茫、恐惧和身心俱疲，很多无可奈何和愤懑不平，很多身不由己和扼腕叹息，正因如此，我才盼望着你们将来成为引领社会向上走的那股力量。一代人有一代人的责任，一代人有一代人的担当，希望你们在实现中华民族伟大复兴中国梦的征程中"以青春之我，创建青春之国家，青春之民族"；希望你们将自己融入社会主义建设的宏伟事业中，在服务社会、奉献人民、报效祖国的过程中实现自己的人生价值；希望你们为中华之振兴而不断奋进，因为只有当下的奋进才能充盈你们的羽翼，只有羽翼丰满才有力量肩负时代的重担，才能早日成为中国的脊梁和民族的希望。

最后，和各位老师分享李兰娟院士的一段话："这次疫情结束以后，希望国家逐步给年青一代树立正确的人生导向和正确的人生价值观……只有少年强则国强，为祖国未来发展培养自己的国之栋梁！"这是我们每一位教育人的心声和希望，也是我们肩上的使命和担当。

中国脊梁，民族希望。愿国泰民安，山河无恙。

谢谢大家！

2020 年 2 月 10 日

凝聚中国力量，弘扬民族大义

——初三、高三复学第一课

尊敬的各位老师、亲爱的同学们：

大家上午好！

告别漫长的寒假，跨过诸多的不易，我们迎来了这场期盼已久的"复学第一课"，欢迎你们回到美丽校园！新冠疫情逐渐平息，我们终于可以走出家门，去拥抱地平线上的胜利曙光，而为我们奋斗的人们，已经有一些人永远倒在了黎明之前，再也不会归来。为众人抱薪者，不可使其冻毙于风雪；为生民立命者，不可使其殒殁于无声。在此，让我们向那些抗疫牺牲的英勇烈士致哀，让我们向所有拼搏奋战的逆行者致敬！

不遗忘，才是最好的怀念。此刻，我们虽然已经从无奈和焦虑的困境中走出，但对抗疫期间那些不平凡的经历和感受一定记忆犹新——当每一个鲜活的人物、动人的故事催人泪目时，当那些冰冷的数据终于急转直下时，我们都深深体会到：一个国家多一些矢志不渝、爱国担当的人，这个国家才会有希望；一个民族多一些无私奉献、忠诚守望的人，这个民族才会有未来。

弘扬家国情怀，彰显爱国担当。

2020年初，病毒肆虐、举国遭难，当无数人远离武汉，逆行的白衣天使们却开始汇聚江城；他们就像听到冲锋号角的战士，毅然加入与死神的搏斗之中。他们是王兵、冯效林、江学庆、刘智明、李文亮……他们出征，他们奋战，他们牺牲，正如他们的无数前辈在灾难中冲锋陷阵一样：那是 1950 年的长津湖战役，1976 年的唐山地震救援，1998 年的全国抗洪抢险，2008 年的汶川地震救援……他们是一代又一代共和国的脊梁；他们超脱一人生死，毕其精力一肩以扛；他们只愿国家早日安定的大义情怀化为希望之光，带领中国人民一次次走出黑暗，在非常时期彰显了华夏儿女的爱国与担当。

逆行的白衣天使们

回顾近代中国史和近百年党史，爱国与担当始终是中国有志青年的不变之魂。新中国成立之初，一穷二白、百废待兴，仅用一年多就获得博士学位的邓稼先，毕业当年毅然返国。虽因长期近距离接触核辐射使他身患直肠癌，但他仍对妻子说："假如生命终结后可以再生，那么，我仍然选择中国，选择核事业。"在邓稼先的心中，祖国始终重于千钧。

同学们，基辛格在《论中国》中说过："中国人总是被他们之中最勇敢的人保护得很好。"当下一次国家和人民需要的时候，希望你们也能做那个"最勇敢的人"，保护好身边的人，保护好我们的祖国；希望你们也像无数前辈那样，有勇气成为时代的逆行者，有底气扛得起一个民族。

坚守平凡岗位，发扬奉献精神。

"革命的成功，不仅需要有人在枪林弹雨中冒死冲锋，也需要有人在平凡的岗位上默默奉献。"——这是新华社在建党95周年，回访毛主席《为人民服务》演讲地时评论的一段话，也是此次全民抗击新冠疫情的真实写照。我们既要铭记那些为国为民牺牲奉献的英雄人物，也不能忘记身边涌现出的平凡英雄：快递员汪勇，为白衣天使筑牢后勤保障线；环卫工人潘斌伏，主动请缨参与定点救治医院保洁；翁江、骆可欣夫妇，强忍父母去世悲痛，当志愿者、捐献血浆……

这些是我们在新闻报道中还能看得到的名字，但在病毒肆虐的寒夜里，还有多少默默无闻的守夜者，我们连他们的姓名都不曾得知。例如在情势最严峻时期依然执着坚守的环卫工人，从清晨到傍晚，从街头到巷尾，他们在冷风冷雨中依旧无比坚定的背影，每时每刻都传递着温暖与力量，给我们带来无尽的安全感。这些在新冠疫情期间默默付出的人，"英雄"的含义在他们身上诠释得淋漓尽致，他们虽未留下姓名，但他们的事迹熠熠生辉。

同学们，灾难往往都是冰冷的，但灾难中显现的人性光辉却极其温暖。面对无情的病毒，那些平凡英雄和我们每个人一样，也会恐惧、也会忧虑，但他们挺身而出，维持着城市的正常运转；他们用寻常的言行、真挚的情感，书写了属于当下的英雄史诗；他们的点点光亮汇成火炬，照亮了中国亿万人民迈向胜利的征途。

凝聚中国力量，弘扬民族大义。

"感动而不反思，一定会有更悲壮的下一次。"如今，新冠疫情的危机虽然解除，但是疫情还远未结束，而且它对我们会产生哪些影响，很多还是未知数。习近平总书记在 4 月 8 日的中共中央政治局常务委员会上指出，"要做好较长时间应对外部环境变化的思想准备和工作准备"。

"士不可以不弘毅，任重而道远。"王辰院士说："这次新冠疫情使我们更感受到医学科技的重要性……我们应该少一点说漂亮话的科学家，多一点真正的、更多地看到问题的科学家，应当多一点目光冷静、头脑清醒、行动稳健迅捷的科学家，这是我们要做的事情。"希望这也能成为你们的追求和志向，心系祖国、胸怀天下，刻苦学习、勤奋钻研，在必要时用知识和科学的力量，不仅救人民于水火之中，救国家于危难之时，更要将人类发展再向前推进一步。

亲爱的同学们，古往今来，国在不安时，哪有什么救世主？何处是能走的路？恰如鲁迅所说："其实就是一群人，从没路的地方践踏出来的，从只有荆棘的地方开辟出来的。"中华民族历来是一个英雄辈出的民族，而未来中国需要更多的开辟者。你们是中国脊梁和民族希望，愿你们凝聚中国力量、弘扬民族大义，在热血沸腾的青春时光，努力学习，成为有用之人，为中国梦注入强大的正能量，在新时代谱写绚丽华章，将强盛中国的道路越走越笔直，越走越宽广！

最后，在冲刺中考、高考的关键时刻，希望各位同学以积极的人生姿态快速回归学习生活，静下心来、沉得住气，珍惜时间、坚持到底，用拼搏成就梦想，让青春在奋斗中闪光！加油吧，少年！"面前再多艰险不退却"，等你们金榜题名的那一天！

谢谢大家！

2020 年 4 月 27 日

万有相通，大爱无疆

——在 2019—2020 学年第二学期全校线上开学典礼上的演讲

尊敬的各位老师、亲爱的同学们：

大家上午好！

在居家学习的漫长假期里，在病毒肆虐的日日夜夜里，也许你们心中常有无奈和迷茫，常有焦虑和恐慌；但成长的路上必然经历很多风雨，如今同学们重返美丽校园，相信"你们还是那个少年，没有一丝丝改变，时间只不过是考验，种在心中信念丝毫未减"。

庚子之初的新冠疫情突袭，打乱了大家的生活，却也磨炼了我们的心智。身在这座城市的我们，清楚地看到了深圳迅捷的行动力和执行力，看到了祖国强大的意志力和战斗力；我们为生活在这座美丽城市而感到骄傲，我们为生长在中华大地而感到自豪。

突如其来的新冠疫情是一场极端测试，面对疫情防控的大考，深圳市委、市政府统揽大局、全力以赴，深圳各相关企业和广大市民凝心聚力、众志成城；其中，深圳的科技企业是科技战疫的主力军。疫情暴发后，武汉建造了火神山医院，华为公司仅用 3 天时间就完成了当地 5G 网络的建设，为数据采集、远程会诊、远程监护等医疗业务的正常开展保驾护航——这样的深圳速度，彰显了这座城市在新冠疫情灾难中的使命与担当。在深圳，还有这样一批守卫国门的幕后英雄，他们不惧风险，用实际行动筑牢了祖国大门的防卫线，他们是坚守在战"疫"一线的深圳海关科研工作者。1月26日，载有6000余名旅客及船员的"歌诗达·威尼斯"号邮轮返回蛇口，船上400多人有重点地区旅居史，急需对其进行核酸检测。深圳海关保健中心实验室不到半天时间就完成了所有送检样本的检测，为政府后续工作提供了重要决策依据。速度之快，得益于科学家团队建立的实验室新冠病毒快速检测方法。

同学们，这就是科技的力量，这就是科技向善的温度。"人类同疾病较量最有力的武器就是科学技术，人类战胜大灾大疫离不开科学发展和技术创新。"希望你们不断增强本领，用科学的力量武装自己，未来为我们深圳的发展添砖加瓦、贡献力量。

家是最小国，国是千万家。一方有难，八方支援。武汉告急之时，全国各地的医疗队纷纷前往援助，深圳自2月9日起共派出5批医疗队分赴武汉、荆州——他们是这个时代的最美逆行者。此外，令我欣喜的是，我校高一年级的王奕杰和丁培杰同学在寒假期间自发创作战"疫"歌曲《午安武汉》，深中学生社团ACES Studio为其精心制作视频；我安排学校的微信公众号专门推送了这首歌，也联系了相关媒体对他们进行了采访报道，希望更多身在武汉的人们能接收到这份暖心关怀。

同学们，"没有人是一座孤岛"，万众一心才能渡过难关。钟南山院士在给全国学生的复学寄语中说，"我们每个人心中除了有一个'小我'，还应该有个'大我'，而且在危难的时刻，在非常的时刻，'大我'是最重要的。只有大家做出了奉献，我们自己才能保得平安"。

人类是一个命运共同体，病毒没有国界，疫情不分种族。在全球抗击新冠疫情的过程中，中国的企业、公益基金会也发挥着巨大的作用。最近，任正非在回应向加拿大、美国等国家捐赠抗疫物资的动机时说："人们都需要互相关心、互相帮助，只要有求助，我们就会做一些力所能及的事情给予支持，这些捐赠是属于人道援助，没有目的，没有任何交换条件。"

同学们，**万有相通，大爱无疆**。经历了这次苦难，相信你们更理解善良，更懂得慈悲。未来，在经济全球化的大背景下，这样的重大突发事件不会是最后一次，各种传统安全和非传统安全问题还会不断带来新的考验。人类命运的福祉与进步需要当代青年勇担重任，希望你们以崇高的理想构建和谐人类家园；国际秩序的维护与建设要求当代青年厚积薄发，希望你们以包容的胸怀贡献非凡中国智慧。

亲爱的同学们，每一段经历都是一次历练，每一程风雨终会遇见晴天。泰戈尔有诗言："世界以痛吻我，我要报之以歌。"我们正在经历历史，我们也正在创造历史。习近平总书记到陕西考察提到"西迁精神"时强调："重大的历史进步都是在一些重大的灾难之后，中华民族就是这样在艰难困苦中历练、成长起来的。"希望同学们珍惜自己的际遇和机缘，在自己所处的时代条件下奋勇争先、奉献社会，谋划人生、创造历史，既谱写出壮丽动人的青春之歌，更为国家发展和民族复兴贡献力量。

谢谢大家！

2020 年 5 月 11 日

唱响主旋律，传播正能量

——在 2020 届初三毕业典礼上的演讲

尊敬的各位老师，亲爱的同学们：

大家上午好！

今天我们齐聚一堂，隆重举行 2020 届初三毕业典礼。我代表学校向圆满完成学业的初三年级同学表示衷心的祝贺！向辛勤耕耘的全体老师表示崇高的敬意！向关心支持学校工作的各位家长表示衷心的感谢！

细数今年发生的不平凡的种种过往，我们常常会感慨：2020年是极为特殊的一年，我们的国家、民族，乃至全世界都经历了一场前所未有的考验；在这场考验中，我们的生活习惯、看待世界的方式也在悄然发生着改变。由于疫情的特殊原因，互联网在人们的学习、工作和生活中逐渐变得不可替代，而新媒体的迅猛发展也让我们获取讯息的途径变得前所未有的便捷。

在这样的大背景下，我想与你们分享两点关于倾听与发声的思考：

第一，在众声喧哗中，保持冷静、听清事实。

如今，智能时代的信息获取已进入了"读秒时代"，但不辨方向的快，很可能欲速则不达；而单纯追求快的信息获取方式，常常也意味着碎片化的阅读。你们一定都听过"盲人摸象"的故事，只言片语地获取信息，往往只能断章取义地远离真相。

有时候，单纯通过局部判断整体是草率且失真的；而不加判断、随波逐流，也同样不可取。赵翼有句诗这样说，"矮人看戏何曾见，都是随人说短长"。人的观点和思想很容易被塑造、被改变，往往很多时候不是被事实所影响，而是被言语所左右。有时候，你看到的不一定是事实，你以为的事实也不一定是真相。

同学们，你们即将成为一名高中生，会有更多的机会和时间接触网络，会看到更多形形色色的新闻、故事和观点，会面临更多的判断，经历更多的选择，希望你们从现在开始就认真体会两个道理：一是世界上的事情从来就不是非黑即白，要学会辩证地看问题，时刻保持理性，审慎批判；二是不要跟着大众的浪潮随便发声，做一个有自己想法、有独立思考能力的人。

第二，在万籁俱寂时，弘扬正气、善于发声。

"一个健康的社会不能只有一种声音。"说这句话的人是李文亮，他生前是武汉市中心医院的一名眼科医生，因最早于 2019 年 12 月 30 日向外界发出防护预警，而被称为疫情"吹哨人"。抗疫战斗打响之后，他又不顾个人安危，毅然决然地冲上抗疫一线。他是正义的化身、人民的榜样——是他当时的高度警惕和迅速反应让新冠疫情得到及时控制多了几分希望。

关于希望，鲁迅的《呐喊》自序中记录了这样一段与钱玄同的对话："假如一间铁屋子，是绝无窗户而万难破毁的，里面有许多熟睡的人们，不久都要闷死了，然而是从昏睡入死灭，并不感到就死的悲哀。现在你大嚷起来，惊起了较为清醒的几个人，使这不幸的少数来受无可挽救的临终的苦楚，你倒以为对得起他们么？"钱玄同回答："然而几个人既然起来，你不能说决没有毁坏这铁屋的希望。"

正是怀揣着这份希望，鲁迅开始做文章了，这便是最初的一篇《狂人日记》；正是他振聋发聩的积极发声，才在时代的暗夜里划出一道光，给人们指引了前进的方向。而在我们深中初中部也有这样的例子：去年，2011届校友班雅伦在德国科隆街头用三种语言怒斥"港独"分子，把一群打着"港独"标语的"乱港分子"驳得体无完肤，她的敢于发声、善于发声彰显了当代中国青年的爱国热忱和勇于担当。

同学们，你们即将迈入高中，进入世界观、人生观、价值观形成的关键阶段，你们会有更强烈的意愿去发声，你们会有更多的想法去表达。敢于发声是基础，善于发声是关键。发声不是不负责任地妄加评论，而是在包容不同声音的基础上做出理智的分析。希望你们不论走得多远，都要胸怀祖国、心系人民，发出正义的声音、传递积极的能量。

亲爱的同学们，初中毕业只是你们人生道路上一个小小的驿站，更远的目标、更大的考验、更美的风景在未来等着你们。新征程，新起点，愿你们心怀暖阳，逐光而行；唱响主旋律，传播正能量。

最后，祝全体毕业生，在未来遇见更好的自己。

谢谢大家！

2020 年 7 月 23 日

传承深圳精神，争做时代新人

——在 2020—2021 学年第一学期初中部开学典礼上的演讲

尊敬的各位老师、亲爱的同学们：

大家好！

今年八月，深圳——中国第一个经济特区，迎来了 40 岁生日。40 年对我们身处的这座城市来说是一段传奇：曾经南海之滨默默无闻的小镇成长为如今实际管理人口超过 2000 万的现代化国际大都市。

今年八月，深圳中学也迎来了意义非凡的重大节点：新校区的建成和投入使用，不仅为特区成立 40 周年献礼，更为深中建成世界一流高中增加了底气。同时，初中部改造工程正式启动，初中部全体师生搬入老校区——这里是我们深中精神的发源地，承载了学校数十年的历史变迁和深中人的青春记忆。

73 年风雨桑田，40 年沧海巨变，我们站在了学校发展的新起点，立足时代、放眼未来，我向你们提三点希望。

第一，传承敢闯敢试、锐意创新的深圳精神，做积极进取的时代新人。

《礼记·大学》有言："苟日新，日日新，又日新。"世界上唯一不变的，就是一切都在改变。应对变化，思想观念要与时俱进，方式方法要不断创新。从 1980 年成立经济特区，到 2017 年推进粤港澳大湾区建设，再到 2019 年建立中国特色社会主义先行示范区，深圳敢闯敢试，顺势而变。

创新是时代的要求，也是推动学校教育教学发展的不竭动力。通过近 4 年的努力，深圳中学在师资队伍、课程改革、科学教育、校园环境等方面做了大量探索与实践，学校面貌发生了很大的变化。希望我们的老师和同学，继续秉承创新精神，在继承中发展、在发展中创新，实现自我超越，成就精彩人生。

第二，传承使命在肩、务实高效的深圳精神，做实干担当的时代新人。

20 世纪 80 年代，深圳在国际贸易中心大厦的建设中创造了"三天一层楼"的"深圳速度"；而今年，新冠疫情又给了"深圳速度"以特殊的诠释：8 月 14 日，在发现两名无症状感染者后，深圳反应迅速，仅用 5 天时间就检测了 40 余万份样本，给深圳市民吃下了一颗定心丸，也生动地展现了特区担当和深圳作为。

深圳中学，作为以这座城市命名的中学，始终以为国育才为己任，提出"建设中国特色世界一流高中"的办学定位，建立 19 个创新实验室和创新体验中心，创办华为-深中数理实验班，培养具有中华底蕴与国际视野的拔尖创新人才。希望我们的老师和同学，秉承务实精神，坚守正道、追求真理，努力推进学业和事业的进步，不负自己、不负时代。

第三，传承勇立潮头、破浪前行的深圳精神，做追求卓越的时代新人。

1979 年 7 月，蛇口工业区的开山炮如春雷惊动神州大地；1980 年 8 月，深圳建立经济特区，率先探索社会主义市场经济体制。先行者们凭借"勇立潮头、破浪前行"的精神，书写了深圳经济特区 40 年的崛起奇迹。

　　"敢为天下先"是最具有深圳标志性意义的观念之一，而深圳中学秉持着"追求卓越、敢为人先"的深中精神，在拔尖创新人才培养方面贡献了深中智慧和深中经验。2020年高考，全省第一：理科前100名9人，文理前100名13人，一本率98.7%，北大、清华录取32人，QS世界大学排名前100的中国高校录取110人，以上数据均为全省第一；海外录取，全国前列：美国常春藤大学录取7人，U. S. News 排名前30的美国大学录取80人，排名前50的美国大学录取127人。希望我们的老师和同学，继续秉承敢为人先的精神，追求新知，奋发有为，为深圳建设和国家发展贡献力量。

　　老师们、同学们，深圳精神不是过去式，而是进行时；每一个意气风发的少年都是深圳精神的传承者，更是深圳精神的塑造者，期待所有深中人为深圳精神续写新的辉煌。

　　谢谢大家！

2020 年 9 月 1 日

学史力行：赓续红色基因，发扬特区精神
——在深中"共忆五四运动、献礼建党百年"主题集会上的演讲

尊敬的各位老师、亲爱的同学们：

今天是 5 月 10 日。同学们就像五月的花海，充满了勃勃生机与无限希望。在这美好的季节，我想和同学们一起回顾党史上的 5 月，在党史学习中赓续红色基因、发扬特区精神、筑牢理想信念、担当时代使命。

一、 100 年前的伟大开端：五四运动和中国共产党的初心

102 年前的 5 月 10 日，五四运动正如火如荼地开展。五四运动，以及之前持续数年的新文化运动，深刻地影响了当时的年轻人。中国共产党的先贤与领袖们，大多成长于新文化运动时期，他们是一位又一位的"五四青年"。在和你们相当的年纪，他们是怀着怎样的初心，走上了马克思主义道路的呢？我想给大家分享几个故事：

1913 年到 1918 年，20 岁出头的毛泽东在湖南一师读书时，和朋友们约定"三不谈"：不谈金钱、不谈男女之间的问题、不谈家庭琐事；又约定了"三谈"：谈"人的天性，人类社会，中国、世界、宇宙"。

1917 年，19 岁的周恩来远赴日本求学，临别之时，给同学的

赠言中写道：愿相会于中华腾飞世界时。

可以看出，救国救民、为国为民，是几代中国革命者、先进知识分子的初心，是我们党最为宝贵的精神财富；在中国共产党人100年的非凡奋斗历程中，无数视死如归的革命烈士、顽强奋斗的英雄人物、忘我奉献的先进模范，锻造出了红船精神、井冈山精神、长征精神、遵义会议精神、延安精神、西柏坡精神、抗美援朝精神、"两弹一星"精神、抗疫精神、脱贫攻坚精神等一系列伟大精神，是我们党和人民弥足珍贵的政治财富和精神瑰宝，成为中华民族推动人类文明进步的精神灯塔。

我们要弘扬"爱国、进步、民主、科学"的"五四"传统，从党史这部最生动、最有说服力的教科书中汲取智慧力量；我们要继承"团结、进取、求实、创新"的深中校训精神，明辨是非曲直，增强自我定力，追求更有高度、更有境界、更有品位的人生。

二、身边的党史故事：中国文化名人大营救和东江纵队

历史并不遥远，历史就在我们身边。在党的百年奋斗历史上，深圳人民的身影并非仅仅显现在改革开放之后。

1941年12月，日军进攻香港，香港沦陷，日本侵略军为了让中国人在精神上屈服投降，大肆搜捕留困在香港的大批中国爱国民主人士和文化人士。为营救生命安全受到严重威胁的这批仁人志士，中国共产党组成以广东人民抗日游击队为主体的营救队伍，以深圳为中心，历时11个月，护送800多名爱国民主人士和文化人士及其家属、国际友人冲破日军封锁线，从香港成功撤离。在中国共产党的领导下，深圳人民奋不顾身，和抗日游击队紧密团结，排除万难，闯过日伪和国民党军队的数十道封锁线，将爱国民主人士和文化人士安全转移到大后方。

这次营救出的文化名人有著名政治活动家、画家何香凝，中国近现代政治家、民主人士、诗人柳亚子，著名文学家茅盾，剧作家夏衍，文艺理论家胡风，新闻家范长江和邹韬奋，国学大师梁漱溟，漫画家丁聪，科学家高士其，电影导演蔡楚生和司徒慧敏等。这场大营救为中华民族保存了一大批文化精英，为新中国文脉延续和文化建设做出了卓越贡献，被茅盾称为"抗战以来最伟大的抢救工作"。

在这场危机四伏的大营救中，文化名人中没有牺牲一个，没有被捕一个，被称为"胜利大营救"。但是，在安全转移的背后，历尽艰辛和风险，数以千计的无名英雄默默奉献，甚至不惜牺牲自己的生命，留下了可歌可泣的英雄事迹，表现了中华民族伟大的家国情怀。

1943 年 12 月，参加这场营救行动的主体游击队在深圳坪山正式成立广东人民抗日游击队东江纵队。东江纵队先后进行大小战斗 1400 次，收复城镇 60 余座，歼灭日伪军 1000 余人，其开辟的华南敌后战场成为"敌后三大战场"之一，东江纵队与琼崖纵队、八路军、新四军被朱德同志并称为"中国抗战的中流砥柱"。

令人荡气回肠的革命历史离我们并不遥远。在深圳中学老校区附近的东门南庆街，有一栋红白相间的民国时期三层建筑，是东江游击队指挥部旧址纪念馆，是 1938 年新四军军长叶挺负责领导深圳乃至东江地区的抗日斗争时的总指挥部。同学们下次到东门休闲购物的时候，可以走进东江游击队指挥部旧址纪念馆看一看，了解先辈们浴血奋斗的历史，铭记革命先烈前赴后继的壮举，深刻体会我们今天幸福生活的来之不易。

三、特区 40 年的精彩演绎：世界发展史上的一个奇迹

41 年前，1980 年的 5 月，中共中央、国务院正式将深圳定为

"经济特区"。习近平总书记在深圳经济特区建立40周年庆祝大会上说："深圳是改革开放后党和人民一手缔造的崭新城市，是中国特色社会主义在一张白纸上的精彩演绎。深圳广大干部群众披荆斩棘、埋头苦干，用40年时间走过了国外一些国际化大都市上百年走完的历程。这是中国人民创造的世界发展史上的一个奇迹。"

作为深圳的老师和学生，我们生逢盛世，是改革开放和深圳经济特区发展的受益者，我们是幸福的。改革开放40余年来，深圳中学的发展从软硬件设施到办学质量都发生了翻天覆地的变化。深中人感党恩，跟党走，秉承"追求卓越、敢为人先"的精神传统，紧随国家和深圳特区的前进步伐，围绕拔尖创新人才培养，在师资队伍建设、课程改革、学科竞赛、科学教育、国际教育、艺体教育、校园文化、服务社会等方面做了大量探索和实践，成为深圳教育的窗口和文化名片，并自觉承担起了"建设中国特色世界一流高中"和在基础教育领域先行示范的时代使命。

我们要继续发扬敢闯敢试、敢为人先、埋头苦干的特区精神，谱写更动听的教育故事，为深圳在基础教育领域先行示范贡献深中智慧。

四、赓续红色基因，发扬特区精神，深中人在行动

70多年来，一批批深中教师辛勤耕耘，从筚路蓝缕到桃李满枝，见证或引领着深圳基础教育事业的强劲发展；4万余名校友在各条战线努力拼搏，成为行业的骨干力量或领军人物。我们在场的各位师生也赓续红色基因，发扬特区精神，发挥出了自己的作用。

2019年，为庆祝新中国成立70周年，国庆节前，深中初、高中两部携共同体学校与具有爱国、爱港优良传统的友谊学校——香港福建中学，共计16000多名师生共同举行以"同饮一

江水，同唱一首歌"为主题的升旗仪式等系列活动。2020 年，在脱贫攻坚战中，深中的老师奔赴新疆、广西支教，深中家委会为广西西林中学捐款捐物价值达 57 万元。在抗疫行动中，深中老师积极参加社区抗疫志愿服务、精心组织线上教学；同学们创作抗疫歌曲和视频、开展抗疫小课题研究、参加网络大合唱，为抗疫加油；我校的疫情防控措施严格细致，复课复学安全有序，受到了省、市主要领导的高度肯定。

在今年的党史学习教育中，我们将党史教育融入各学科教学，安排了党史学习教育主题团课、知识竞赛、歌咏比赛、历史剧本大赛等活动，还将组织同学们到井冈山、韶山等革命老区进行现场体验，希望同学们踊跃参加，用心体会，做到学史明理、学史增信、学史崇德、学史力行。

2021 年 4 月 19 日，习近平总书记在清华大学考察时指出："当代中国青年是与新时代同向同行、共同前进的一代，生逢盛世，肩负重任。广大青年要爱国爱民，从党史学习中激发信仰、获得启发、汲取力量，不断坚定'四个自信'，不断增强做中国人的志气、骨气、底气，树立为祖国为人民永久奋斗、赤诚奉献的坚定理想。"

希望同学们牢记习近平总书记的嘱托，弘扬以爱国主义为核心的民族精神和以改革创新为核心的时代精神，立大志、明大德、成大才、担大任，努力成为堪当民族复兴重任的时代新人，让青春在为祖国、为民族、为人民、为人类的不懈奋斗中绽放绚丽之花。

谢谢大家！

2021 年 5 月 10 日

规矩成方圆，敬畏知行止

——在 2022 级新生军训结营仪式上的演讲

尊敬的深圳市武警支队领导、教官，各位老师，亲爱的同学们：

大家下午好！

"恰同学少年，风华正茂，书生意气，挥斥方遒。"看到大家在刚才的成果展演中英姿飒爽、意气风发，看到同学们在军训中不断接受挑战、突破自我，我由衷地为你们感到高兴和骄傲。优秀表现的背后是你们的不懈努力和教官们的辛勤付出，在此，让我们用热烈的掌声向武警支队的各位领导、教官和你们的老师表示最真挚的感谢！

学生军训实战训练

军训是一堂培根铸魂的思政课，是一堂磨炼筋骨的体能课，是一堂增长才干的实践课。军训的洗礼，绝不限于行为举止的外在变化，更是对毅力与耐力的双重历练。五天来，教官们用威武坚毅的军人气质和纪律严明的行事作风深深感染了每一位深中人。无规矩不成方圆，有敬畏才知行止。正如 11 月 16 日晚上大家共同见证的近千架无人机参加的编队飞行表演，视觉盛宴的背后是毫秒级授时系统、高精度导航定位系统等的精确控制，每一架无人机都需要在指定的路径完成规定的动作，才能成就最终的完美演出。希望同学们在今后的学习和生活中继续发扬纪律严明的优良作风，养成良好的生活习惯、学习习惯和行为习惯，做到"有所为有所不为，知其可为而为之，知其不可为而不为"。

千架无人机飞行表演

军训是全民国防教育的重要组成部分，也是学校开展国防教育、培养高素质人才的重要形式。历史经验表明，一个国家、一个民族的强弱兴衰与国民国防意识的强弱有密切的联系。今天的中国，所取得的成就世界瞩目，我们应该为能够生活在这个伟大的时代、这么繁荣稳定的中国而感到幸运并倍加珍惜，同时我们更应该深刻认识到，在和平年代更需要增强如履薄冰、居安思危的忧患意识。青年强则国强，在党的二十大谋划的宏伟蓝图中，同学们既是见证人，更是参与者，祖国未来的繁荣富强期待你们奋力创造。

最后，希望同学们将军训的丰硕成果作为今后勤奋学习和健康生活的坚实基础，在担当中历练，在尽责中成长，努力成为一名追求卓越、敢为人先，具有家国情怀和人生大格局的深中人，让青春在不懈奋斗中绽放绚丽之花，为国家、为民族、为世界做贡献。

谢谢大家！

2022 年 11 月 18 日

重任在肩，奋勇争先

——在校级学生干部聘任大会上的演讲

尊敬的各位老师，亲爱的同学们：

大家下午好！首先，欢迎高一的各位同学加入深中学生组织大家庭，你们的加入让这个团队又迸发出新的活力。近年来，深中逐渐形成了科学民主、开放包容、多元和谐、生动活泼的校园文化氛围，在座的每一位都功不可没，我代表学校向参与学生工作的所有师生表示衷心的感谢！

从新生入学到"百团大战"，再到团校培训的启动，我在校园里总能看到各位学生干部活跃的身影，而今天的会议就标志着以大家为核心的新一轮学生工作将全面展开。作为一名光荣的学生干部，大家就要以更高的标准要求自己，在工作中彰显学生干部该有的精气神，担负起引领示范的使命。

第一，要躬身实践。

"纸上得来终觉浅，绝知此事要躬行。"任何事业都是干出来的，大家在学好知识的前提下要积极躬身实践，在实践中增长才干、练就本领、锤炼品格。只有这样，才能在当下的学生工作中游刃有余，在未来自己喜欢的领域有所成就。

第二，要勇于担当。

作为一名学生干部，你们不仅是光荣的，责任也是艰巨的。如果大家想在同学中树立威信，就必须要勇于担当，这样同学们才会信任你，老师才敢把重要的工作交给你。只要怀着一颗对他人负责、对学校负责的心去开展工作，我们的工作就成功了一半。

同时，多一重身份，不仅是多一份责任，也拥有了更多锻炼和成长的机会。各位学生干部承担着校园文化建设的重任，其间一定会很辛苦，也一定会收获成长的喜悦。希望大家能务实地干下去，你们的责任担当和无私奉献会让我们的校园生活更加和谐、积极向上。

第三，要有大局意识。

大局意识就是要有开阔的眼界和格局，电影《一代宗师》中提到的"看自己、看天地、看众生"，就可以被解读为不同层级的格局。在策划和开展一项活动前，如果你能想到借此来提高和锻炼自己的能力，那么你已经拥有了"看自己"的格局；如果你能想到用这项活动去帮助同学们涵养心性、助力同学们成长成才、促进学风校风建设，那么你已经拥有了"看天地"的格局；如果你能站在更高远的角度，着眼于社会发展和民族复兴，那么你便拥有了"看众生"的格局。希望同学们能多从大局考量，不囿于周围方寸，不断突破自我局限。

第四，要团结协作。

毛泽东说过："任何一个人都要人支持。一个好汉也要三个帮，一个篱笆也要三个桩。"[①] 学生组织内部要团结，组织之间也要团结，大家要互帮互助，相互学习。同学们要好好利用校团委给大家提供的学生干部培训、干部例会、联合承办的活动等平台，多结识朋友，多交流思想，在共同实践与团结协作中见贤思齐，碰撞出更多的思维火花。

亲爱的同学们，今天这份沉甸甸的聘书是学校对大家能力的肯定，也承载着学校对你们的殷切厚望，希望大家在学生组织中积极锻炼，在锻炼中成长，在成长中蜕变。十年初心不改，少年未来可期，祝福大家！

2022 年 10 月 19 日

---

① 毛泽东．毛泽东文集：第七卷．北京：人民出版社，1999：330.

生而逢盛世，少年当有为

——在 2023 届初三毕业典礼上的演讲

尊敬的各位老师、家长，亲爱的同学们：

大家上午好！

三年荏苒，今朝扬帆；杨柳依依，繁花相送。在这美好的日子里，我们欢聚一堂，举行深圳中学初中部 2023 届毕业典礼，共同见证属于在座每个人的荣耀时刻。在此，我代表学校向顺利完成学业的同学们表示热烈的祝贺和美好的祝福，向一路走来与你们风雨同舟、并肩前行的老师和家长表示崇高的敬意与衷心的感谢！

有人说："人生就是一次次幸福的相聚，夹杂着一次次痛苦的别离。我不是在最好的时光遇见了你们，而是遇见了你们，才给了我这段最好的时光。"希望在深中的初中三年，能成为同学们回首岁月时，珍贵而难忘的记忆。临别之际，我和大家分享一段习近平总书记在庆祝中国共产党成立 100 周年大会上的讲话："新时代的中国青年要以实现中华民族伟大复兴为己任，增强做中国人的志气、骨气、底气，不负时代，不负韶华，不负党和人民的殷切期望！"在迈向成功的道路上，志气是动力，骨气是定力，底气是实力；祝愿同学们涵养"三气"，终成大器。

第一，少年负志气，奋烈自有时。

心志所向，气力所趋；心有所信，方能致远。志气主要体现于个人的追求和信仰，杨绛在《人生的价值》中说："一个人有了信仰，对人生才能有正确的价值观。"百余年前，毛泽东等最早一批信奉马克思主义的先进分子，成为创建中国共产党的中坚力量。时至今日，胸怀马克思主义信仰的中国共产党人，正推动中国向着正确的光明的方向坚定前行。习近平总书记曾深情回忆："我当年到了正定，看到老百姓生活比较贫困、经济社会发展水平比较落后的情形，心里很着急，的确有一股激情、一种志向，想尽快改变这种面貌。"[①] 越是在困难的条件下，越能彰显志气的力量，正是这种强烈的理想信念让一代代中国共产党人历经千难而前仆后继、历尽万险而锲而不舍。

新时代的深中少年，一定要确立坚定的信仰，要以实现中华民族伟大复兴为己任，以追求人民不断向往的美好生活为目标，有"成功不必在我，功成必定有我"的信念，将"小我"的成长融入"大我"的发展之中，实现人生价值，真正担当起民族重任和复兴使命。

第二，人不可有傲气，但不可无傲骨。

人有傲骨，就不会轻易屈服，而是能主动打头阵、挑大梁，战而胜之。2020 年深圳率先进入 5G 时代，成为"全球 5G 第一城"，在技术应用、网络建设数量和质量等方面，都走在世界最前列，而这个耀眼成绩的背后有不少"卡脖子"的外部不利因素。深圳人就是发挥了特别能吃苦、特别能创新、特别能奋斗的精神，从而实现了技术上的突破。

新时代的深中少年，要传承这种自强不屈的奋进精神，在磨难中修炼坚定的内心，在磨砺中奋起和成长，稳稳扛起时代的责任。

---

① 霍小光，华春雨. 习近平总书记与中央党校县委书记研修班学员座谈速写. 人民日报，2015 - 01 - 13.

第三，梦想从学习开始，事业靠本领成就。

底气就是实力，是过硬的本领，是根植内心的强大力量。一个人的底气源于学养的厚积和经验的积累，一所学校的底气源于文化的沉淀和实力的支撑。2017 年，我提出深中的办学定位和培养目标："建设中国特色世界一流高中，培养具有中华底蕴与国际视野的拔尖创新人才"。此后的六年来，全体深中人追求卓越、守正创新，创造了许多"全省第一""全国第一""世界第一"的成绩，不断朝着"中国特色世界一流高中"的宏伟目标迈进。这些数不清的"第一"是一代又一代深中人接续努力的结果，更是全体深中人引以为傲的实力和底气。

新时代的深中少年，无论走到哪里，都要始终把学习作为一种责任、一种追求、一种生活方式，保持勤于奋斗的本色，练就堪当民族复兴大任的本领。

"生而逢盛世，少年当有为。"亲爱的同学们，人生就像在一条奔腾向前的河流上行舟，我们在每个渡口的一次次告别中收获成长，走向成熟。祝愿每一位同学都能拥有一个光明灿烂的未来，都可以找到属于自己的星辰大海，我们在这里期待着你们人生中的每一个好消息！

谢谢大家。

2023 年 6 月 29 日

第二辑

为者常成　行者常至

　　少年意气风发时，不负韶华行且知。同学们，你们是新时代的中国青年，正处在中华民族发展的最好时期，既面临着难得的建功立业的人生际遇，又面临着"天将降大任于是人"的时代使命，请各位一路同行，驰而不息，你们的人生必因责任而充实，因充实而饱满，因饱满而光辉。

2-1

2017，我们必将更加美好

——在 2016—2017 学年第二学期初中部
开学典礼上的演讲

尊敬的各位老师、亲爱的同学们：

大家早上好！

新春伊始，万象更新！在新学期开学之际，我谨代表学校向全体老师和同学们致以最诚挚的问候，同时衷心祝愿我们的学校、老师和同学们在新的一年里取得新的成功，获得更大的发展。

我非常高兴，在 2017 年——深中即将迎来她的 70 岁生日时来到了深中，与全校师生一道携手同行，共创深中辉煌。

办学 70 年，深中早已形成自己独特的气质和文化。深中精神，是支撑、引领一代又一代深中人不断进取的基石与灯塔。今天是新学年的第一天，我给各位师生讲讲三位深中人的故事，与大家共勉三句话。

第一句话是：心之所想，力之所及。

成功不仅需要奋力拼搏，更需要一份坚持不懈的动力支持。当心存念想时，就能做到心无旁骛、专心致志，你的生活永远充满奋斗的力量。

光启研究院院长刘若鹏是深中 2002 届的校友。"小时候看科幻片，总是思考什么时候能把那些酷的东西制造出来。"这是刘若鹏最初的愿望，带着这个梦想、带着对物理的热爱，一路走来，创立了光启研究院，光启研究院已经成为未来科技创新的引领者。同学们熟悉的隐身衣、马丁飞行包等都是光启研究院的作品。去年12月底，在我校28名师生代表与光启研究院展开的一场特别的交流互动活动上，刘若鹏说，深中为他打牢了数理化基础，才有他今天的成就。同时，深中对学生自主性的重视，也让他在求学期间能更积极更主动地去发现问题、解决问题。

对深中学子来说，刘若鹏校友今天的成就是有启发性意义的。他今天的成就离不开他对生活和科技的热爱，离不开他对梦想执着的追求。而他对社会对国家那一份强烈的责任感和使命感也在驱使他不断前进。

期望深中学子，向往自己心中的阳春白雪，不妥协于现实人生的挫折与灰暗。人生就是不断重新开始的过程，随时都可以有新的开始。只要我们坚持心中的梦想，我们的人生就会充满希望。不要在"心想事成"之前放弃最初的念想。成功不仅需要奋力拼搏，更需要一份坚持不懈的动力支持。坚持心之所向，最终将成为力之所及。

第二句话是：不以聪慧警捷为高，而以勤确谦抑为上。

对于一个人的发展与成长而言，天赋、环境、机遇、学识等外部因素固然重要，但更为重要的是自身的勤奋与努力。

寒假期间，我拿到了同学们手中都有的一本册子：《2016年深中初中荣誉学生档案》，这本册子收录了20位深中学子的成长档案。其中一位同学给我留下了深刻的印象。这位同学在初中三年参加了角尖社团、科学社、创客社团，和小伙伴们在科学社制作了粉尘喷火器，在学生会、团委担任职务，是学长团的成员。他刚进校时，成绩并不是特别优秀，但他学习特别努力，他会针对自己的薄弱科目进行有针对性的学习，还很喜欢跟同学讨论、研究怎样学好每一科。历史科目，每节课后他都会花半个小时左右时间整理课堂笔记，三年下来笔记达到数万字。他的物理老师说："班里有些学生虽然热爱学习，但对于平时的作业，会有些马虎应付，而他每一次物理作业都是认真完成，书写工整，字迹优美，我对他作业的评价是，比标准答案还标准。"他的体育老师说："他刚开始练引体向上时，经常在练习中把自己的手掌磨破了皮，还没等手掌上的皮长好，戴着手套又开始练习。在练习过程中，还经常与同学一起研究可行、有效的动作，探讨练习方法怎样才更有效。"他的班主任说："在学习上，他不懂的地方自己就想要钻研透，比如做完作业之后，他可能会花一两个小时再去考虑这个难题，会寻求各方面资源，比如上网查资料、寻求老师和同学的帮助，每一门学科都会找到更擅长的同学。"

我所说的这位同学是 2016 年我校中考状元姚文涛。

现在姚文涛同学在荣誉体系高一（19）班，他不忘初心，继续以他的勤奋与刻苦、专注与严谨、探究与实践的精神开始高中的生活，在上学期的 9 科总分排名期中考试年级第二，期末考试年级第一，也将在本学期赴上海参加"登峰杯"全国中学生结构设计竞赛。

有人曾经说过：世界上能登上金字塔顶的生物只有两种：一种是鹰，另一种是蜗牛。不管是天资奇佳的鹰还是资质平庸的蜗牛，能登上塔尖，极目四望，俯视万里，都离不开两个字——勤奋。著名数学家陈景润，在六平方米的住处终日辛劳，奋战十年，才在数学王国里为研究哥德巴赫猜想做出了杰出的贡献。同样，勤奋也是他的座右铭。$1.01^{365} = 37.78$，$0.99^{365} = 0.03$，日进一厘则丰盈，日损一厘则消弭。很多时候，一个人的能力高低并不是最重要的，最重要的是，你要以勤奋的态度面对生活，付出汗水，终会有回报。

第三句话是：发现自我，发展优势。

每个人都应该各有兴趣，各具特长，在自己喜欢的领域尽情地发展，成为各自选择方向路径上的未来领导者。

我曾经看过这样的一个论断："判断一个人是否成功，最主要是看他能否最大限度地发挥自身优势。通过研究发现，人类有400多种优势。这些优势本身的数量并不重要，重要的是应该知道自己的优势是什么，之后要做的则是将你的生活、工作和事业发展都建立在你的优势上。"

寒假期间，我到机器人实验室看望正在备战 FRC、FTC 机器人比赛的老师和同学，结识了一位来自初中部的学生、现实验体系高一（13）班的胡镕博同学。在交谈中，可以感受到他的思维活跃、想象力丰富，也感受到他是喜欢思考问题和提问题的孩子。从 2009 年自制日全食观测镜赴武汉成功观看到长江流域日全食开始，用胡镕博自己的话说，就走上了"创客的不归路"；初一那年第一次参观制汇节（Maker Faire），在一群年龄比自己大不少的顶尖创客中间，胡镕博第一次产生了"我就是一名创客"的身份认同感；随后他把柴火空间的创客星火引到深圳中学初中部，在 2014 年 7 月成立了全国年龄最小的创客平台——星火创客空间，自此，他带领不少同学成为小创客，在学校开展各类创客活动，创办了创客节，不少同学参加了国内外的比赛并获奖。虽然上高中后学习任务更重了，但是他还继续自己的爱好，是高中星火创客空间和机器人社的活跃成员。现在，他带领高一、高二的 9 名同学正在研发"掉头湾"项目，此项目在今年深圳市的两会上引起了政协委员们的广泛关注。今年他还将与同伴们参加国内外的相关比赛。

胡镕博创办创客空间

胡镕博同学在创客的天地里，享受新发现、新体会，追寻他的幸福。

独特的优势，就是个性，它是人生作品的来源。

培养和发展自己的优势，就是享受人生。

这个学期，学校也将加大与重点高校、高新企业的合作力度，为同学们提供更多、更好的创新平台。学校同时还将加大对有潜质学生的培养力度，使同学们能够在各种类型的比赛中脱颖而出。期待每位深中学子勇敢地去尝试，尽力开阔自己的视野，自主发现和实现个人潜能，成为最好的自己。

新的学期，又带着新的期盼上路。

"把握生命里的每一分钟，全力以赴我们心中的梦，不经历风雨，怎么见彩虹，没有谁能随随便便成功……"这首名叫《真心英雄》的歌曲诠释了成功的来之不易。

深圳中学参加创新教育大会—深圳峰会创客展，胡镕博同学分享成果

走稳每一步，走实每一天，才能让梦想之花绽放。

不以聪慧警捷为高，而以勤确谦抑为上。

培养和发展你的优势，就是书写你人生的作品。

新的学期，让我们一起努力，共同谱写深中发展的新篇章。

2017，我们必将更加美好！

2017 年 2 月 13 日

2-2

实现你的无限可能

——在 2016—2017 学年第二学期高中部
开学典礼上的演讲

尊敬的各位老师，亲爱的同学们：

大家早上好！

今天是春季学期的开学典礼，也是我和同学们第一次正式见面。首先，我想说一说自己和深中的缘分：1992 年研究生毕业时，差一点来深中工作；不过这"差一点"的遗憾，被后来经常来深中给学习数学奥林匹克的同学上课弥补了不少。深中的同学给我留下了非常深刻的印象：刻苦勤奋、善于思考、生动活泼。今天我非常高兴能与深中成功结缘，加入深中大家庭，成为一名光荣的深中人。

以前我对深中所取得的成绩是有所了解的，但仅仅是从竞赛成绩、高考升学率这些角度去看深中的教育，只能看到深中教育的"皮毛"。我对深中葆有很大的兴趣和好感，不仅是因为深中获得了多少金牌，更重要的是，她是一所围绕学生发展的真实需要而设计教育、实践教育的学校，并因此培养了一大批"个性鲜明、善于思考、敢为人先、勇于实践"的深中人，我觉得这才是深中教育的"内里"。这段时间，我正在进一步了解深中的历史及现状，尤其是从"发展中的人"这个视角，思考了深中正在发生的，以及未来的教育。

　　寒假我与高二、高三和已经毕业的几个学生聊天，听了听他们的想法。他们都能感受得到教育者给予他们的期待——希望他们成为一个有成就的社会人，也觉得这对他们的成长有积极作用；但同时，他们觉得这种期待并不是成长中最需要的。至于什么是他们在成长中最需要的，答案也各有不同。一个同学说，"我走不动的时候，有人拉着我。"另一个同学说："其实我自己也不知道我到底需要什么。"一个毕业两年的学生则说："看见我的可能性"。

　　"看见我的可能性"，这个年轻人的这句话警醒了我。这句话让我一下想到了我个人教育生涯中遇见的很多学生。和他们共处的经历让我理解"看见我的可能性"这句话。它包含了两层意思：一是不以一个学生目前表现出来的水准，推断他的能力上限；二是相信一个青年的人生道路，可以有更丰富也更自由的选择。

　　前几天，深中 2010 届毕业生艾辛来看我。艾辛同学是深中优秀毕业生，初中、高中均就读于深圳中学，我们是因为数学竞赛有了师生之谊。他高中期间曾两次获得全国高中数学联赛一等奖，在 2010 年北京大学自主招生考试中获得全国第一名，被录取到北京大学数学科学学院。2014 年从北京大学毕业后去美国斯坦福大学留学，如今在 Facebook（脸书）工作。我问艾辛深中带给他最大的影响是什么，他说，在深中学习的六年对他的影响是深远的，其中最重要的是，帮助他探索和发现了自己的兴趣，认识到选择的多种可能性。艾辛表示，在高中阶段他就有了出国留学的想法，但是因为对数学的热爱，因为专心于竞赛而放弃了直接出国这条路。之后不管是选择去北京大学学数学，本科毕业后去斯坦福大学学统计学，还是毕业后选择去 Facebook 工作，他都是遵循自己的兴趣和热爱，也在最大程度上，在每个阶段实现了自己发展的最优可能。

　　站在一个"知天命"的人生阶段，我仍旧愿意看见生命的更多可能性。我不就来到了深中，遇见了你们吗？所以我也坚信你们人生里的无限可能。我问过自己一个问题：成为一个校长时，期望自己心目中的学生是什么样子的？思考良久的答案是：没有什么固定的样子。为什么？从事教育的经历让我知道，没有任何两个学生是一样的。我知道，不管我的期望是什么，那个期望都只是我的，而不是你们的。而教育重要的任务是帮助一个人成为他自己，实现每个人自己的无限可能。我希望能够创造更多的机会，让深中人，包括老师和同学们，能在深中对自己成长和发展的可能性有更多的认识和了解，有更多自我肯定和自我实现的体验，最终成为自己想成为的样子。

　　我还想很诚实地说，年龄和经历的差异让我不可能理解大家的全部，尤其是同学们的体验、感受和思考。了解这个事实很重要，这是我们沟通和交流的基础。我不会假装我什么都能理解，但是我会努力去感受，保持开放的态度去沟通，我将尽力完整地看见你们——充满了各种可能性的你们。我更希望我们一起努力，让深中变得更好的可能性成为现实！

　　祝老师们新学期身心愉快、幸福安康！祝同学们新学期福慧增长！

　　谢谢大家！

2017 年 2 月 22 日

把握当下，从容前行
——在 2017 届初三百日誓师大会上的演讲

尊敬的各位老师、家长，亲爱的同学们：

大家下午好！

今天，对大家来说是个难忘的日子。你们的初中三年时光，如今只剩下不到 100 天的时间。这 100 天的时间虽然短暂，但对人一生的影响却很大，愿你们能把握好这最后的时光，用拼搏为青春添彩，让中考成为你们迈向璀璨未来的坚实一步。

大家看看 2016 届毕业生的中考成绩与他们初三第一次月考的对比情况。进步 150 名以上的有 13 人；进步 100～150 名的有 37 人，进步 50～100 名的有 93 人。老师们对这些学生的进步进行分析，发现他们都有相同的特征：把握当下，利用好每分每秒；事事清楚，件件落实，天天坚持。

"志士惜年，贤人惜日，圣人惜时。"同学们，当下的每一步都是通向未来的阶梯，当下的每一步都重要于昨日、明日，我们要看重脚下，看重头顶的晴空。请做好当下的每一天，把目标转化为每一天的任务，一步一步地朝着目标前进。

钱学森曾说过："不要失去信心，只要坚持不懈，就终会有成果的。"相信自己的心灵有着无限的可能，相信有一种力量的存在，尽力挖掘潜在的能力，才有可能达到应有的人生高度。

刚才看到祝福视频上的一位同学郑兆林，现在是高中荣誉体系的学生。他在 2016 年的中考分数是 449 分，他曾经骨折，但依然保持着积极进取的态度，努力克服自己的弱项——体育，获得了中考体育满分。他获评"校园十佳文学少年"全市五十强，以全市第一的成绩夺得第七届深圳市"科学"竞赛金牌。他说："最有潜力的人是自己，最可怕的力量当属于奋斗中的自己！"

信心是命运的主宰。每个人都是天地间的一个奇迹，相信自己，使这个"真正的自我"不被埋没。改造自我，天高地阔。最后 100 天，没有什么不可能！

"盛年不重来，一日难再晨，及时当勉励，岁月不待人。"又是一年春来早，又是一年亮剑时。最后 100 天，希望同学们以永不言败的信心、持之以恒的毅力、积极向上的精神、高效的学习方法，实现你们心中的梦想，用责任和使命去谱写青春的乐章！

最后，祝同学们考出水平、创造佳绩。

谢谢大家！

2017 年 3 月 18 日

以梦为马，不负韶华

——在 2017 届初三毕业典礼上的演讲

亲爱的同学们、老师们、家长们：

大家好！

今天是一个美好的日子，我们在这里隆重举行深圳中学初中部 2017 届全体学生的毕业典礼。在此，我代表学校向所有毕业生致以最热烈的祝贺！向辛勤培育你们的家长、悉心教导你们的老师，以及关心帮助过你们的每一位朋友，致以衷心的感谢和崇高的敬意！

三载花开花落，离别不期而至。站在这里，与大家一样，我只是觉得岁月匆匆如流水，它带走了三年的荏苒时光，却带不走同学们难忘的青春回忆。三年来，你们给深中留下了很多十分珍贵的时刻：有失败的懊悔，更有成功的喜悦；有拼搏的汗水，也有喜悦的笑颜；这一切的一切都会被定格为深圳中学的美好记忆。

转眼间，你们将要离开母校，踏上新的征途。我希望同学们在未来的日子里要牢牢记得三年来母校给你们的殷殷嘱托，纵然有千言万语、万语千言，奈何时间有限，我把它们浓缩为以下三句话，送给在座的毕业生们。

首先，请同学们保持这三年积蓄的成长力量。

初中三年，是你们成长和蜕变的三年。三年前，同学们刚刚踏入校园，还拖着童年的尾巴，稚嫩天真；现在看看在座的各位，变得愈发成熟，愈发稳重。然而，如果只是谈年龄的增长和身形的变化，那么对于"成长"的理解就太狭隘了，成长最为灿烂夺目的地方在于：它是一种知识的进阶，思想的铸造，人格的升华！

德国著名作家君特·格拉斯在他的长篇小说《铁皮鼓》里塑造了一个不愿长大的人——奥斯卡。他发现周围的世界太过荒诞，就暗下决心要永远留在童年。冥冥之中，有种力量成全了他的决心，所以他变成一个侏儒。最后，他改变了这种内在的决心，重新获得了生长的力量。

同学们的这三年，就是在积蓄这种生长的力量。

三年里，你们在课堂上、在运动场上、在舞台上，一次又一次地创造出属于自己的精彩，一步一步成为最优秀的自己。

三年里，你们开始用开阔的眼光看待周遭的世界，不再局限于自己狭小的圈子里。你们也开始抬起头来，想仗剑走天涯，看看世间的繁华。

三年的成长，有坚持、有担当、有感恩、有梦想，学校、老师、家长为你们感到骄傲，希望你们带上这些成长，在下一段旅程中气宇轩昂。

其次，请同学们保持深圳中学的气韵和精神。

深圳中学的精神具有十分丰富的内涵和底蕴，而我今天要跟每一位毕业生分享的是深中精神中比较重要的一点——"追求卓越、敢为人先"。

"追求卓越"不是为了跟别人攀比，而是在自己的世界里，绝不因为满足现状而停下前行的脚步。正如乔布斯在斯坦福大学演讲中提到的一句话：求知若渴，虚怀若愚（Stay Hungry, Stay Foolish），这就是对不断"追求卓越"的最好诠释。

"敢为人先"看起来重在"敢"这个字，强调一种勇敢；其实，更重要的是"先"这个字，也就是一种创新的精神。"敢为人先"不是逞匹夫之勇，不是盲目地标新立异，特立独行，而是以创新的精神打破教条，先声夺人。正如《周易》中所讲，"日新之谓盛德"：不断地革新，就是一种高尚的品德。

最后，请同学们保持慎思明辨的人生态度。

在当今瞬息万变、纷繁复杂的社会，同学们要时刻保持清醒的头脑，保持对周遭环境的清醒认知。清醒者，明白自己所想，知道自己所在，懂得自己所能，深知自己所需，就能活出自己的节奏。

希腊神话中有个人物叫代达罗斯，他和他的儿子伊卡洛斯被困荒岛，父子二人用蜡做成了翅膀，打算像鸟一样飞离小岛。伊卡洛斯对飞行感到极度兴奋，不顾父亲警告，越飞越高，因为太靠近太阳，翅膀被太阳融化，跌进大海，溺水而亡。年轻的你们也在生命的天空飞翔，未来的日子里，请记住别让周围的事物融化了你们的翅膀。

再见了，2017届的毕业生们！今日是离别，更是起航。我为你们的明天祝福：愿你们的下一站依然精彩！愿你们以梦为马，不负韶华！

谢谢大家！

2017 年 6 月 27 日

2-5

从深中出发丈量世界

——在 2017—2018 学年第一学期高中部开学典礼上的演讲

亲爱的老师们、同学们，尊敬的家长朋友们：

大家下午好！

热烈欢迎大家来到深中，成为深中大家庭的一员。和我一起迎接大家的是深中美丽的新校园，新的 B 栋，以及很多深中校友喜欢和怀念的"钥匙妹"。在刚刚过去的暑假里，为了保证开学的各项工作顺利进行，为了以更好的校园面貌迎接大家，学校领导、相关负责人以及很多辛勤的工作人员风雨无阻，施工不停，感谢这些在背后默默付出的无名英雄！上午已经欢迎过大家一次了，给大家开讲"漫谈数学学习"，下面我演讲的题目是：从深中出发丈量世界。

今年我特别高兴加入深中这个温暖的大家庭。在我心里，这是一所充满无限活力的学校，而这种活力，源自身在其中所有深中人所散发的生命力，就像我看到的在座的每一位这样，风华正茂、朝气蓬勃。深圳中学致力于培养具有丰富生命力的人：他们能自主发现和实现个人的潜能，成为最好的自己，而且他们无论身处何处，都能尊重自己，关爱他人，服务社会，造福世界，并乐在其中。我这段时间在校园里所接触的学生，无一不是此段话的明证。

深中微信公众号上半年开辟了"深中学子"专栏，从各个角度展示了你们将要经历的深中生活。对这些学子的所有采访文本

都已汇编成册，书的名字是《走
进著名大学：深圳中学学子成长
足迹（2017）》，这本书将在校庆
之际正式公开出版。

被武汉大学、新加坡国立大
学、麦吉尔大学录取的刘尚科同
学说："刚进入高一时学长学姐就
告诉我们，深中的选择实在是太
多了，要学会选择，更要学会放
弃选择的权利。""当我真正投入我的深中生活时，我才发现这句
话是多么正确，多么重要。"

被香港大学多元卓越计划录取的房存龄同学在没有来深中时
听过一句话，"深中的生活太精彩，以至于怎么过都是浪费"。三
年体验之后，他说："深中是梦想开始的地方，深中生活之所以如
此精彩，在于它将选择权尽可能多地交给学生，让学生在自主选
择中不断地思索自己究竟要成为一个怎样的人，从而建立起坚实
的自我，成为一个富有生命力的人。"

同学们，高中生活本身就是从确定性思维到批判性思维，从
随流从众到内心觉醒的转变过程。学会选择、走向独立，是你们
人生必经的道路。社会新闻中的无数例子告诉我们，不想学会选
择，也不想自己承担责任的孩子，在离开高中进入大学后，也不
会知道如何独自面对更加自主的学习和生活。选择，承担责任，
这些青少年时期的重要主题，都是需要学习的。与其将来被动学
习这些重要内容，我希望在座的每位同学，从今天开始自觉地走
向独立，不要害怕失败，更不要拒绝改变，从深中的底线和规则
中，在多元与宽容的环境中，主动学会选择，学习承担责任。

丰富多元的深中就是由许多像刘尚科、房存龄这样一个个独一无二的生命个体构成的。这里看起来可能不像很多学校那样规则严格，但是在深中的自由氛围中，自有其井然的秩序。这种秩序，源于一个信念：真正的教育是建立在信任和尊重的基础之上。深中教育要做的，就是保持对青少年的信任和尊重，激发他们的潜能，引导他们在这个阶段不断尝试和体验各种可能性。70年的历史积淀成就了今天这样一个有温度、有情怀的深中，她以广阔的胸襟接纳每一个孩子，尊重每一个孩子，让他们在其中自由呼吸、健康成长。因为我们始终相信："优秀"没有标准的答案，"卓越"没有固定的模板，每个人都有自己的无限可能。

最后，我想与大家分享一本来自德国作家丹尼尔·凯曼的小说《丈量世界》，他以倒叙的方式，讲述了两位德国青年以自己的方式"丈量世界"的经历。一位是被誉为"哥伦布第二"的洪堡，另一位是被认为自牛顿以后最伟大的数学天才高斯。这两位都是历史上的真实人物。洪堡凡事亲身体验，上山入海，以身试毒，而高斯不需要离开家门就证明出：空间是曲面的。洪堡和高斯看起来极端差异的生命历程，其实充满了相同的东西：好奇心，执着于自己的兴趣，不断提问，不断尝试，不惧失败。你们小时候都是这样的人，希望你们在深中继续做这样的人，也希望在座的父母、老师，可以继续为你们提供这样的环境支持，让你们从深中出发，成长为丈量世界、影响社会的人。

祝愿同学们在深中三年学习顺利，生活愉快！

谢谢大家！

2017年8月30日

事上磨炼，砥砺意志

——在 2017 年军训结营仪式上的演讲

尊敬的各位教官、老师们，亲爱的同学们：

大家上午好！

历时一周紧张而有序的军训活动已接近尾声，我很欣慰地看到同学们身上发生的可喜变化：整齐的军装、笔直的站姿、坚毅的目光、嘹亮的歌声、严明的纪律，这充分彰显了深中人朝气蓬勃、奋发向上的精神风貌。在此，我代表学校向圆满完成训练的同学们表示热烈的祝贺，向为大家营造良好训练环境的育新学校，向连日来辛勤工作的各位教官、各位老师表示崇高的敬意和衷心的感谢！

有体才有悟，有见才有识。同学们军训过后，必定有很多的感受与体会。下面，我从以下四点与大家分享我对军训意义的理解，希望能对你们以后的学习生活有所帮助。

第一，坚持锻炼，强健体魄。

我建议同学们在高中生活中一定要有一两项体育爱好，坚持体育锻炼。毛泽东在 1917 年《新青年》上发表了《体育之研究》

一文，他明确指出，"体育之效，至于强筋骨，因而增知识，因而调感情，因而强意志"。由此可见"强筋骨"在个人发展中的独特重要性——"欲文明其精神，先自野蛮其体魄"。

第二，事上磨炼，砥砺意志。

王阳明认为，历事才能练心，在事上磨炼，内心才会拥有强大力量，个人才能真正成长。军训过程就是一个走出舒适区，挑战自我、磨炼意志的过程。希望同学们将这些优秀的品质延续到今后的学习生活中，只有具备坚强的意志，才能在行动中始终目标如一，不怕挫折，排除干扰，顽强奋斗，直至成功。

第三，孤举难起，众行易趋。

中国有句古话："孤举者难起，众行者易趋。"同学们在军训中接受严明纪律的约束，经受艰苦生活的锤炼，在这样的集体环境中，大家互相学习，互相帮助，不断克服个人主义，塑造集体主义思想，学会团结，学会合作，学会奉献，这都将成为你们以后学习、生活的宝贵精神财富。

第四，居安思危，有备无患。

"国无防不立，民无兵不安。"历史证明，一个国家和民族的兴衰，与人民的国防观念、忧患意识有着十分密切的关系。虽然现在世界的主流是和平与发展，但局部的动荡和战争依然存在，居安思危，思则有备，有备无患。任何时候，我们的国防教育都不能懈怠。

同学们，在充满希望与挑战的知识经济时代，只有具备德、智、体、美、劳全面发展的高素质人才，才能在百舸争流的时代大潮中乘风破浪，为中华民族伟大复兴做出应有贡献。希望同学们能够将军训期间习得的严明纪律、良好习惯坚持下去，带回到深中校园中去，以更饱满的精神状态投入今后的学习生活中，立志成为具有强健体魄、坚韧意志、家国情怀和国际视野的深中人。

谢谢大家！

2017 年 11 月 24 日

2-7

不忘初心，方得始终

——在 2017—2018 学年第二学期高中部开学典礼上的演讲

尊敬的各位老师，亲爱的同学们：

大家上午好！

新春伊始，万象更新。春天是一年之始，人们常讲"春华秋实"：只有春天的满怀希冀和辛勤耕耘，才会有秋天的硕果累累。我们的人生也一样：不忘自己最初的本心，并为之努力奋斗，才会有所收获、有所成就，正所谓"不忘初心，方得始终"。围绕这个主题，我想与大家分享"三 li"：立信、立志和力行。

第一是立信，"立信"即确立信仰。2013 年五四青年节，习近平总书记在中国航天科技集团公司同各界优秀青年代表座谈时强调："理想指引人生方向，信念决定事业成败。没有理想信念，就会导致精神上'缺钙'"。

深中 1985 届有位校友叫谢宏，他是中国当代作家，被人称为"怀揣梦想走他方的深圳作家"，他 1985 年以高分考入华东师范大学。即使毕业后他遵循着时代的轨迹，被分配回深圳，但和当年很多文学青年一样，谢宏一直坚持着自己在中学就开始萌发的文学梦，30 多年间出版多部小说集和诗集，成为"城市文学"的代表作家。

信仰未来，方能执着坚守；一路坚守，方能成就初心。

青年人有无限的可能性，你们的未来有无限的可能性。大家对未来抱有信仰，对梦想充满期待的同时，更要明确自己的志向和目标。这是我要讲的第二个方面：立志。古人云："有志者，事竟成。"志愿开拓人之精神空间，使学问之进行成为可能。那么，具体来讲，应当如何立志？

首先，"志当存高远"。把目标定高一点，不要怕做不到。立大志者成中志，立中志者成小志，立小志者不得志。作为一名深中人，就应当拥有广阔的视野和豁达的胸襟，做一个对社会有用的人，做一个能对这个世界哪怕只有一点点改变的人。

其次，树立志向在于坚定，不在于锋芒毕露；成功没有捷径，贵在长久坚持，不能急于求成。

著名物理学家霍金在十三四岁时就已下定决心要从事物理学和天文学的研究。十七岁那年，他获得自然科学的奖学金，顺利入读牛津大学。学士毕业后转到剑桥大学攻读博士，研究宇宙学。不久他发现自己患上了会导致肌肉萎缩的卢伽雷氏综合征。由于医生对此病束手无策，起初他打算放弃从事研究的理想，但后来病情恶化的速度减慢了，他便重拾心情，排除万难，从挫折中站起来，勇敢地面对生命的不幸，继续潜心研究。

志向是夜晚的星辰，那么有了天上的星，又该如何走好脚下的路？这就是我要讲的最后一个方面：力行。学校力行楼墙上有一句话："子曰：'力行近乎仁。'"该句出自《中庸》，意为努力实践，竭力而行。

同学们，现阶段的你们最当力行的仍然是知识与学问。有人说，当下的我们正处于互联网＋背景下的"屏读时代"，每天都在"刷屏"，刷手机、刷平板等各种电子设备。我们暂且不论"屏读时代"是否就会和"碎片化阅读"画上等号，但身处深中这样一个相对自由的知识殿堂，请合理地利用自己的自由，坚持高品质的阅读，既能陶冶性情，又能拓宽视野，让你终身受益。

埃隆·马斯克就是这样的例子。他一直都很喜欢阅读，少年时接受了哥哥的建议，每天阅读两本不同学科的书。最初阅读书目主要是科幻小说、哲学、宗教、编程、人物传记等，随着年龄的增长，他开始阅读物理、工程、产品设计、商业、技术和能源等领域的书籍。大量跨领域的阅读不仅满足了马斯克对知识的渴求，还帮助他把人工智能、技术、物理和工程方面学到的基础原理重新构建到不同领域，比如汽车制造领域的特斯拉无人驾驶功能、飞机制造领域的垂直起飞和着陆的电动飞机设想、生物技术领域的与大脑连接的神经连接设想等。马斯克在大量跨领域的阅读文本中，借助更多专业人才的眼睛，不断拓展自己对这个世界的见识，通过跨领域的建构，超越专业的界限，最终成为全才。

当然，学问之道，并不限于读书，还有多实践、多体验，追求卓越、敢为人先，努力成为最好的自己。

老师们、同学们，新的一年里，希望你们在深中这个丰富多彩、富有挑战的校园中，幸福地工作、快乐地学习，大胆尝试、尽情成长，不忘初心、方得始终，让深中生活成为你们精彩人生的重要篇章！

最后，给各位拜个晚年，恭祝全体师生安康喜乐，事事顺意！

谢谢大家！

2018 年 2 月 26 日

不忘来路，不改初心

——在 2017—2018 学年第二学期初中部 开学典礼上的演讲

尊敬的各位老师，亲爱的同学们：

大家上午好！

经过了寒假与春节，我们满怀喜悦的心情，带着美好的憧憬，迎来了新的学期。新学期的校园因为你们的归来，又变得生机勃勃、充满朝气。在此，我代表学校向大家拜个晚年，祝全体师生安康喜乐，事事顺意！

每逢春节，相信很多同学都会跟随父母回到自己的家乡过年。鸟恋旧林，鱼思故渊。无论你身在何地，故乡都是烙印在记忆深处的根。那么，我们心灵的根又是什么呢？下面，我将围绕这个问题与大家分享今天的主题：不忘来路，不改初心。哲学上有三个基本问题："我是谁？我从哪里来？我要到哪里去？"一个人不忘初心，就不会忘记我是谁、我从哪里来、我要到哪里去；一个人不忘初心，就不会迷茫迟疑，定会脚踏实地、行稳致远。在这里，我希望所有老师和同学们不忘初心，永葆善良、自强和坚持。

第一，希望你们保持善良。

"人之初，性本善。"法国作家雨果说："善是精神世界的太阳。"拥有善意的初心，我们才能学会理解、体悟、同情、仁慈和悲悯，我们才会成为一个友善的人，一个能被他人所悦纳的人。

中国传统文化历来追求"善"：待人处世，强调心存善良、向善之美；与人交往，讲究与人为善、乐善好施。我希望同学们在学习和生活中不仅要懂得"投我以桃，报之以李"的礼节，更要学会"投我以木桃，报之以琼瑶"的豁达。当然，善良并不总能获得回馈，但即使遭遇不公，即使善意被人误解，我们也不应改变善良的初心。

第二，希望你们学会自强。

"天行健，君子以自强不息。"近期，在中央电视台《经典咏流传》的舞台上，乡村教师梁俊和一群大山里的孩子吟诵了清代诗人袁枚的一首诗《苔》："白日不到处，青春恰自来。苔花如米小，也学牡丹开。"山区孩子们的经历也深刻诠释了这首诗的内涵：即使是在阳光照不到的角落，生命依旧可以萌动。苔藓的花叶虽然微小，却依旧可以像牡丹花一样尽情绽放。

自强者必定是奋斗者。身在优越学习环境中的你们更应该懂得自强与奋斗的真谛：天上没有掉馅饼的事，但凡取得一定成就的人都要经过艰苦卓绝的努力。正如习近平总书记在2018年春节团拜会上的讲话中提到的那样："奋斗本身就是一种幸福，只有奋斗的人生才称得上幸福的人生。"

第三，希望你们懂得坚持。

今天所有在场的学生，即使就读初一年级，进入深中初中部也已经半年有余。半年前，你们满怀信心来到深中，希望在这里创造属于自己的精彩，这种"欲与天公试比高"的精神就是你们进入深中的初心。然而，随着时间的推移，有的同学因为没能抵制住学习以外的各种诱惑而迷茫无措，有的同学因为在一次竞争中的短暂失利而消极气馁。

"为山九仞，功亏一篑。"希望你们今后不论遇到任何困难，都要发扬"逢山开路，遇水架桥"的拼搏精神；希望你们始终铭记：坚持不懈，天道酬勤。

老师们、同学们，古往今来，我们可以在先辈的智慧中找寻到他们的初心："已识乾坤大，犹怜草木青"是大思想家马一浮对天地万物包括一草一木敬畏的初心；"富贵不能淫，贫贱不能移，威武不能屈"是孟子对做人的道德准则绝不动摇的初心。愿岁月更迭，你们依旧初心不改；愿多年以后各位荣归母校，仍怀拳拳赤子之心。

最后，祝各位教职工在新的一年里身体健康、工作顺利；祝各位同学学业进步、早日成才。

谢谢大家！

2018 年 2 月 26 日

2-9

做一个深中人

——在 2018—2019 学年第一学期初中部
开学典礼上的演讲

尊敬的各位老师，亲爱的同学们：

大家好！

欢迎你们度假归来，回到学校。一个崭新学年的来临，意味着一个全新的开始。在此，祝愿各位同学、老师在新的学年学习开心、工作顺心。同时，我还要特别欢迎深圳中学初中部的新主人——2018 级初一年级的同学以及今年新入职的老师，祝贺你们成为一名深中人。

在新的学年，我给大家提三点希望。

第一，希望你们肩负起追求卓越、勇立潮头的使命。

在深圳中学建校 70 周年之际，我提出将深圳中学建设成为世界一流高中的办学目标。作为一流高中的重要组成部分，深圳中学初中部为高中部输送了大量优秀学生。例如，目前我校高中部 2019 届、2020 届学生中已有 31 名学生被北京大学、清华大学提前签约，其中有 25 人来自我校初中部。争创一流学校，需要诸位在初中阶段就朝着世界一流的目标迈进。今年 8 月初在国际奥林匹克中收获物理、化学金牌，为国争光的杨天骅、薛泽洋、聂翊宸就是其中的代表。

同学们，"无冥冥之志者无昭昭之明，无惛惛之事者无赫赫之功。"你们来到深中，不应只是为了升学，深中学子应当树立远大目标，放眼更广阔的舞台。

第二，希望你们养成求于至精、臻于至善的习惯。

老子说："天下大事，必作于细。"远大的目标需要切实的行动才能得以实现。正如当今社会呼唤的"以匠人之心，追求技艺的极致"的工匠精神所表达的那样，决定一个人高度的，就是把一件事情做到极致的能力。2018届9班的翁沛鑫同学就是这样一个对自己高标准、严要求的学生，无论是小课题还是国旗下的讲话，他总是要把自己的每一件事近乎完美地完成，正因为如此，刚刚过去的中考，他以高分考入深圳中学高中部。

同学们，万事皆不完美，但这正是我们不断追求尽善尽美的不竭动力，唯有如此，才能成为强者。

第三，希望你们坚定乘风破浪、迎难而上的信念。

近期在学校微信公众号分享成长经历的那些优秀学长学姐，

几乎都谈到了自己曾在深中经历的低谷。现实的确是这样的：无论你多么优秀，在高手云集的深中，都会遇到在某些方面比你更优秀的同伴。但是，正如培根所说，"顺境的美德是节制，逆境的美德是坚韧"，这后一种是较为伟大的品德。战胜困难的能力，决定了你能走多远。初三（6）班的余楚健同学，初二时发现自己体育中考选择篮球很难满分，改选引体向上，但是，直到初三他一个引体向上也做不了，为了提高成绩，他两个月内减重 20 斤，最终体育中考满分，并考入深圳中学高中部。

"莫听穿林打叶声，何妨吟啸且徐行。"同学们，希望大家在褪去小学的光芒后，能用正确的心态去面对今后的挫折：有风有雨是常态，风雨无阻是心态，风雨兼程是状态。须知即使行到水穷处，也可坐看云起时。

最后，祝愿同学们在深中绽放精彩，期待因为你的存在，"深中人"一词有着让我们更加引以为傲的含义。

谢谢大家！

2018 年 9 月 3 日

笃定自律，泰然自牧

——在2020—2021学年第二学期初中部 开学典礼上的演讲

尊敬的各位老师，亲爱的同学们：

大家下午好！

新年伊始，万象更新。送走了极不平凡的2020年，度过温馨而有意义的留深寒假，今天大家欢聚一堂，共迎2021年春季新学期的到来。在此，祝初中部全体师生牛年吉祥，万事胜意！

新的一年，大家都会许下新的愿望，而梦想若要成为现实，自律是同学们需要具备的关键品质。日本实业家松下幸之助说："登峰造极的成就源于自律。"围绕自律，我给大家分享以下三个方面。

第一，自律是在细微处不懈坚持。

大家在校园中一定常看到这样一道风景：晨光熹微之时，会有一群孩子早早在操场围好一圈，重复着单调的声带发声练习。尽管深圳夏天的清晨总是燥热难耐，冬天的早晨有时寒气逼人，但寒来暑往、日复一日，这道风景从未在深中消失。正是这看似细微的坚持，让初二（9）班的孩子们在声乐领域成为同龄人中的佼佼者——2020年11月，在深圳市中小学生艺术展演班级合唱及戏剧节比赛中，他们用婉转空灵的歌喉和精彩的歌舞表演，赢得了现场观众和评委们的一致认可，获全市第一。

"非知之难，行之惟难。"自律的生活不是驰于空想、骛于虚声，而是日积月累的坚持，耕耘于分秒、收获于细微。

第二，自律是在纷繁中保持专一。

初二（12）班的冯小唐是一位非常自律、专注的同学。他深爱物理，并将这份热爱转化为实际行动：平时上学，利用课间碎片时间安静地做题；疫情期间及节假日，每天坚持早起，有计划地学习。他用坚定与执着为同学们诠释了绳锯木断、水滴石穿的精神。功夫不负有心人，冯小唐荣获 2020 年美国学术五项全能（USAP）科学金牌，全国第一。

冯小唐获奖证书

成功只会眷顾坚定者、奋进者、搏击者，而不会等待犹豫者、懈怠者、畏难者。至高境界的自律，莫过于坚定地执着于自己所热爱的领域，用实际行动一步步实现自己的理想。

第三，自律是在闹市里泰然自处。

深中每年考入清华大学、北京大学的学生六成以上来自深中初中部，获国际数学、物理、化学奥林匹克金牌的 14 名学生初中全部就读于深中初中部，有人认为深中学子的优秀是理所当然。冰心说："成功的花，人们只惊羡她现时的明艳！然而当初她的芽儿，浸透了奋斗的泪泉，洒遍了牺牲的血雨。"深中学子的成功，是从坚持不懈的主动学习、勇于探索、顽强拼搏中得来的，是在遇到挫折和失败后不畏惧不退缩、积极调整心态后奋起直追得来的……当他们在节假日走过人声鼎沸、热闹非凡的东门街道，当他们看到同学群里讨论着这个年纪最潮流的新鲜事物，他们的内心依然笃定，身处闹市却不为所动，这就是他们能够成功的原因。

陶渊明有诗云："结庐在人境，而无车马喧。问君何能尔？心远地自偏。"一个成功的人往往是一个自律的人，生活中充斥着各种诱惑，所以需要同学们拥有自律的品质，约束自己、提醒自己，这样才能离成功更近。

老师们、同学们，今年是农历牛年，让我们铭记"孺子牛""拓荒牛""老黄牛"的精神，自律自牧，奋发向前。

最后，借用臧克家的一句诗在牛年与大家共勉："老牛亦解韶光贵，不待扬鞭自奋蹄"！

谢谢大家！

2021 年 2 月 22 日

生命以负熵为生，生活以自律为美

——在2020—2021学年第二学期高中部开学典礼上的演讲

尊敬的各位老师，亲爱的同学们：

大家上午好！

新年新气象，很高兴和大家一起迎接新学期的到来，首先祝各位老师和同学新春快乐！今天的开学第一课，我想和同学们谈谈如何进行自我管理。

自我管理，其实和能量转化有着许多共通之处。大家比较熟悉的热力学第一定律即能量守恒定律，讲的是能量可以互相转化且不会消失。热力学第二定律在第一定律的基础上进一步指出：虽然能量可以转化守恒，但是总有一部分能量无法有效利用。能量就是有效能量＋无效能量，这个定律又被称作"熵增定律"。"熵"反映的是一个系统的混乱程度，一个系统越混乱，它的熵就越大；越是整齐有条理，它的熵就越小。每个人的生命过程，都不可避免地要从外界汲取能量，并且释放很多无效能量，这是熵增的必然，但是每个人都可以调动更多的有效能量，来抵制熵增，从而生活得更有条理、更有正能量，这是一个人主观能动性的充分体现。

物理学家薛定谔说过："人活着就是在对抗熵增定律，生命以负熵为生。"我们今天要讲的"自我管理"，其实就是薛定谔说的

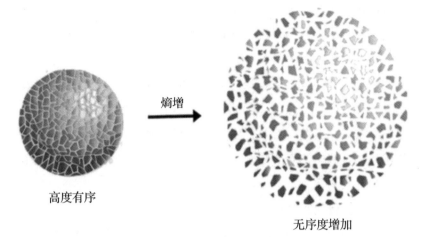

高度有序

熵增

无序度增加

熵增的无序度表示

"负熵为生"，为的就是让自己从"无序"走向"有序"，积极主动地掌控自我，从容自信地面对未来，游刃有余地实现理想。围绕自我管理，今天我给大家分享四个方面：自我反省、自我记录、自我实践和自我调控。

第一，自我反省。

自我反省是按下暂停键，通过反思观察自己。真理需要久经考验，学习需要常存质疑，只有多反省，才能保持自我清醒，拥有更高明的智慧。曾子曰："吾日三省吾身：为人谋而不忠乎？与朋友交而不信乎？传不习乎？"深中拥有多元的课程和多样的活动，同学们要在丰富的体验中三省吾身，及时复盘，总结提升，不断进步。

第二，自我记录。

自我记录是一个值得坚持的好习惯，它可以让一个人的成长有迹可循，慢慢增强对自我的认知。写日记就是最简单的自我记录，同学们可以在学习、生活中及时把重要的经历和想法写下来。

例如，深中生涯课举办过很多活动，大家参加完之后可以记录自己的所思所想，这有助于同学们更好地了解自己的性格、爱好、潜能和价值观，尽早树立人生目标。

自我反省和自我记录是认识自己的过程，是为了让我们认识到自己的无序状态是什么，从而找到更有序、更积极、更有意义的生活方式。当然，若要让生活趋向于有序，只有一个良好的自我认知是不够的，需要踏踏实实付诸行动。自我管理还需要自我实践和自我调控。

第三，自我实践。

"一语不能践，万卷徒空虚。"自我实践是非常重要的，我们对自己的要求不能只停留在"思考"、辄止于"口头"，要不惧挑战，大胆尝试。例如，2020 年深中学子获得丘成桐中学科学奖全球总冠军、第 36 届中国数学奥林匹克全国第一、全美生物与健康未来领袖挑战 ATC-生物化学科目全球第一、国际基因工程机器大赛（iGEM）高中组金奖、第六届中国国际"互联网＋"大学生创新创业大赛全国总决赛萌芽赛道创新潜力奖、VEX 机器人全国总决赛一等奖、犀牛鸟中学科学人才培养计划第二名等荣誉。我们取得的这些令人骄傲的成绩，是同学们在不断学习、反复实践中努力探索出来的，很好地体现了"追求卓越、敢为人先"的深中精神。

第四，自我调控。

在自我实践的过程中，也要自我调控。自我调控就是谨慎地修正自己的做事状态，不要轻易被周围环境左右，主动地去调整、适应环境。例如，21 世纪互联网的高速发展蕴藏了无数机遇和正能量，但同时也出现了网络诈骗、网络成瘾、网络喷子和水军等坏现象。正能量与负能量的源头，关键在于使用互联网这个工具的人到底怀着怎样的心态，到底能不能在潘多拉的盒子面前控制住自己。在喧嚣的网络文化中，我们要独立思考、明辨是非，而不是人云亦云、随波逐流。

亲爱的同学们，生命以负熵为生，生活以自律为美。你们正值人生大好年华，对未来充满美好憧憬，在仰望星辰大海的同时，也要脚踏实地、自我管理，平衡好学习、生活、人际交往和社会实践。诺贝尔文学奖获得者辛波斯卡曾写过这样的诗句："我们通晓地球到星辰的广袤空间，却在地面到头骨之间迷失了方向。"希望同学们能够懂得"负熵为生"的道理，通过自我管理，从无序走向有序，从茫然走向希望，让"种种可能"变成"种种现实"，让"也许发生"变成"正在发生"，让美好理想真正落地生根。

最后，祝老师们在新的一年工作顺利，祝同学们学有所成。

谢谢大家！

2021 年 2 月 22 日

驰而不息，一路同行

——在 2021—2022 学年第一学期高中部开学典礼上的演讲

尊敬的各位老师，亲爱的同学们：

大家上午好！

新学年，新起点。首先，热烈欢迎新高一全体同学和新入职的各位老师加入深中大家庭，你们的到来让美丽的校园焕发了新的活力。同时也感谢全体深中人，是你们的坚守与付出让学校在过去的一年更上一层楼。希望在接下来的新学年里，大家驰而不息再奋进，一路同行久为功。

你们都听过这样一句话："深中的生活太精彩，以至于怎么过都是浪费。"然而，所有创造美好的壮志雄心，最终都是落脚在朴素平凡的日常生活中。要知道，生活少有 180° 的改弦更张，更多的是在一个同心圆上的不断叠加和深化，而圆心，就是你头顶的月亮，心中的理想。哲学家加缪说："对未来真正的慷慨，是把一切都献给现在。"所以，为理想驰而不息地奋斗是充实的，在步履不停地探索中不断成长是快乐的，与伙伴们风雨同舟地一路同行是幸福的。

首先，希望大家尊重差异，和而不同。子曰："君子和而不同。"意思是说，我们在具体问题的看法上不必与对方完全相同，但还是要以友

2024 年高考后学生采访视频

善的态度，与他人保持和谐的关系。每个人都是独立的个体，因为多种因素的影响，人与人之间终归会存在观念、个性上的差异，尤其是在集体生活中，大家要相互理解、相互包容，不要试图强行改变他人，不要用自己的单一标准去评判他人，要尊重他人的意愿，要能够平等交流、相互借鉴、共同进步，主动共享学习资源，齐心建设和谐集体。

语文戏剧节

深中给予学生充分选择的空间和自主选择的权利，为学生搭建多元发展的平台，高考、竞赛、艺体、科创、出国各放光彩，为的是让每一个学生都能学有所获、学有所成。戏剧节、深中杯、单元节、校园十大歌手等校园活动丰富多彩、好戏连台，为的是让更多的才能被看见、被欣赏。人心齐，泰山移，独脚难行，孤掌难鸣。深中人不仅是自己在奋斗，也是在人与人的多样性中见贤思齐，在多样化的视野中追求卓越。

校园十大歌手比赛现场

其次，我们更要以诚相待，共同进步。独学不如众学，独乐乐不如众乐乐。所谓"得道者多助，失道者寡助"，释放善意可以温暖自己，也可以温暖他人；帮助他人的同时，更是在增强自己的力量。

我很高兴地看到，深中校园里有很多群体互助的组织和社团：在开学的入学教育期间，学长团一定给各位新高一同学留下了深刻的印象，这是一个非常友爱的集体，他们识大体、明事理、顾大局，把青春积极的正能量传递给自己的学弟学妹，彰显了深中学子的风采与担当；学长团每年的培训我都会参加，并对他们寄予厚望，这几年很高兴地见证了学长团发展得越来越好，也带动了深中的学生文化越来越积极向上，在此我提议，大家用热烈的掌声向深中学长团表示感谢。此外，学生团委、学生会、社团联盟理事会、学生活动中心、ACESStudio 校园电视台、朋辈等学生组织都很好地发挥了深中同辈示范引领的作用，一百多个学生社团也是百花齐放、各有所长、共同成长……不知道大家有没有留意到，今年 7 月，国际奥委会正式在"更快、更高、更强"的奥运格言中加入了"更团结"，各国代表团齐聚一堂，展现竞技体育的精彩凝聚力，这对人类共同应对当前挑战同样至关重要。这个世界没有自我封闭的孤岛，从抗击新冠疫情、应对全球气候变暖，到维护世界和平，都需要人们求同存异、团结合作。

最后，认识他人，看清自己。苏格拉底说："认识你自己。"我们终其一生都是在追问"我是谁？我想做什么？我的性格适合什么？"。"不识庐山真面目，只缘身在此山中"，认识自己的过程恰恰需要打开自己、跳出自己，因为自我之内有他人，从远处"旁观者清"式地观察自己会更客观清晰，要知道真正自由而醒觉的心灵从不会画地为牢。尼采说："成为你自己。"看似简单，其实"己欲立而立人，己欲达而达人"，每个人的自我实现常常以他人的自我实现为前提。越自私的人往往越不幸福，反而是那些有分享愿望的和忘我热情的人，容易获得持久的幸福感。希望大家不仅能坚守自己独立的人格，也能为他人的幸福拓展纵深。

少年意气风发时，不负韶华行且知。同学们，你们是新时代的中国青年，正处在中华民族发展的最好时期，既面临着难得的建功立业的人生际遇，又面临着"天将降大任于是人"的时代使命，请各位一路同行，驰而不息，你们的人生必因责任而充实，因充实而饱满，因饱满而光辉。

谢谢大家！

2021 年 9 月 6 日

2-13

使命不怠，共享荣光

——在 2021—2022 学年第二学期初中部 开学典礼上的演讲

尊敬的各位老师，亲爱的同学们：

大家上午好！

结束了一段格外漫长而又充满挑战的线上学习时光，今天，我们终于回到熟悉的校园，看到许久未见的老师和同学，正式开启美好的新学期。

两个多月来，深中全体师生携手同心，在家长的密切配合下，克服重重困难，保证了线上学习等各项工作的有序开展。借此机会，衷心感谢所有在疫情期间辛勤付出的深中人，感谢你们的笃行坚守和无私奉献。

上周刚刚举行的北京冬奥会、冬残奥会总结表彰大会举国瞩目，习近平总书记在会上将北京冬奥精神概括为 20 个字："胸怀大局、自信开放、迎难而上、追求卓越、共创未来"，这是中国人民精神风貌的时代写照，也是中华民族开创未来的精神财富。今天，我想谈谈对"北京冬奥精神"的理解，也借此提出三点期待。

一、胸怀大局，方显共创未来的气度

"不谋万世者，不足谋一时；不谋全局者，不足谋一域。"胸怀大局不仅意味着登上大舞台、干出大事业，更要有顾全大局的态度和舍小我、成大我的气魄。

疫情期间，我们身边就有无数这样的代表。从 2022 年 1 月 14 日到返校前，初二年级体育科组何良雨老师一直投身战"疫"第一线，支援深圳疫情防控。在隔离酒店工作期间，何老师担任的是值班科长，这个岗位是 24 小时制，昼夜随时待命，常常工作到深夜。他和无数的志愿者一道，没有春节、没有元宵节，甘舍小家、只为大家，为深圳筑牢健康"防护网"贡献力量。顾大局者才能成大事，在很多时候，你的格局有多大，你的"全局"就有多大。当你站在更高的角度看问题，不计较一时之得失，凝心聚力，互助友爱，不仅可以自己收获成长，亦可成全他人，携手共创美好未来。

二、追求卓越，才有自信开放的底气

2022 年 4 月 8 日，习近平总书记在北京冬奥会、冬残奥会总结表彰大会上说："追求卓越，就是执着专注、一丝不苟，坚持最高标准、最严要求，精心规划设计，精心雕琢打磨，精心磨合演练，不断突破和创造奇迹。"

在学业中如何做到最高标准、最严要求，如何与课外活动同步高质量发展是每位同学都会面临的难题，初、高中均就读于深中的杨语彤同学就是值得大家学习的优秀榜样。她不仅喜欢数学竞赛带给她的智力挑战，也爱静下心来读几本好书，还在全国中学生英语能力大赛获一等奖。她曾在校园十大歌手比赛中一举夺魁，还在疫情期间联合近十位世界各地的深中校友制作 MV《"疫"往情"声"》。鉴于她在学校的优秀表现，我在海外大学的申请季专门给她写了推荐信。非常高兴，前段时间多次收到她的报喜短信，她一人收获了普林斯顿大学、耶鲁大学、斯坦福大学三所世界名校的录取通知书，更可喜的是，这是深中近十年来首个普林斯顿 offer。希望同学们学习杨语彤同学敢想、肯做、能吃苦、能坚持的优秀品格，以开放的姿态迎接各种挑战，追求卓越、敢为人先。

三、迎难而上，彰显向阳而生的活力

线上教学期间，学校各部门面对众多复杂棘手的问题主动担当、积极谋划，从成立疫情防控在线教学工作领导小组，到争分夺秒地讨论制定周密的在线教学方案、紧锣密鼓地将所有学生的教材免费邮寄到家，再到老师们在网络课堂上各展本领化身"云上导师"，都凸显了特殊时期深中教育的智慧与情怀。在此期间，令人感动的还有同学们，你们把平淡的居家学习学出了丰富的花样，上课、锻炼、做家务、练特长，样样出彩。一幕幕温暖场景，一个个励志故事，彰显深中师生"迎难而上、向阳而生"的力量。

亲爱的同学们，今天我们重回校园，学期已近半。"日月逝矣，岁不我与"；时不我待，只争朝夕。2022 年是深中建校 75 周年，"梦想与荣光"是学校 75 周年纪念活动的主题。贾平凹先生说："我有使命不敢怠，站高山兮深谷行。"站在新的起点，以此句和大家共勉，愿大家初心不改、使命不怠，不负梦想、共享荣光。

谢谢大家！

2022 年 4 月 13 日

辉光日新，筑梦未来
——在 2022—2023 学年第一学期初中部
开学典礼上的演讲

尊敬的各位老师、各位嘉宾，亲爱的同学们：

大家下午好！

首先，欢迎 2022 级初一新生、新入职的老师加入深中大家庭。

胜日咸集贝丽南，无边光景万象新。

今天是深中历史上具有里程碑意义的一天，初中部田贝校舍历经艰辛改造，如今终于旧貌换新颜。

改造后的初中部

今天，我站在这里，激动不已、感慨万千。回想 2017 年 2 月第一次到初中部看到简陋的校舍，我不敢相信，中国最富裕城市的最好中学的初中部，竟然是如此艰苦的办学环境。即便这样，我们的老师和学生一直以来都取得了相当优异的成绩，非常了不起。每念及此，五味杂陈。因此，自 2018 年以来，即便面临重重困难，我们排除万难，坚持对初中部进行改扩建，为的就是给师生营造更好的工作、学习环境，更为了助力初中部成就更加光明的未来。

琼楼拔地连广宇，师生勠力更前行。

深中初中部新校园的落成，凝聚了全体建设者的汗水，凝聚了社会各界的关心和爱心，特别是在疫情反复的情况下，我们能如期完工，按时开学，实属不易。在此，我代表全体教职员工感谢市委市政府、市教育局、市发改委、市建筑工务署、市规划和自然资源局、罗湖区政府等部门对深中初中部拆除扩建工程的大力支持，同时向参与设计和施工的各个单位表示衷心的感谢，向各位建设者的辛勤付出致以崇高的敬意。初中部新校园与庄重典雅的高中部新校区的建筑风格一脉相承，既有生态感和书香味十足的立体花园，也有人文性与科技感相融合的教学楼。在这里，同学们将拥有更宽敞、更优越的成长空间，希望你们倍加珍惜这来之不易的学习环境，志存高远、脚踏实地，充实地度过初中生活的每一天。

立志宜思真品格，读书须尽苦功夫。

很多人都听过这样一句话："深中的生活太精彩，以至于怎么过都是浪费。"那么，如何尽力实现无悔的深中生活？请大家看看我们身旁的两栋大楼：其中一栋楼的名字是"格物楼"——《礼记·大学》有云："欲诚其意者，先致其知，致知在格物，物格而后知至。"要想使自己的意念真诚，先要获取知识，获取知识的途径，在于对万事万物的推敲和研究。简单来讲，格物就是穷究事物的道理，纠正人的行为。人若立志读书，"格物"是基础，是前提，是根本的功夫，更是"大学之道"的基石。另外一栋是"致远楼"——诸葛亮曾说："非淡泊无以明志，非宁静无以致远。"正所谓"静而后能安，安而后能虑，虑而后能得"，现在的"淡泊"和"宁静"，正是为了"明志"和日后的"致远"，希望同学们树立正确的世界观、人生观、价值观，正确看待进退流转，静心思考，磨炼意志，砥砺志趣，行稳致远。

初中部致远楼

俯首勤耕桃李茂，共庆华诞铸荣光。

新校园、新学年、新起点。本学期，我们将迎来深圳中学建校 75 周年华诞。作为以深圳这座城市名字命名的学校，75 年来，深圳中学秉承"追求卓越、敢为人先"的精神传统，围绕拔尖创新人才培养，在办学理念、师资队伍、课程改革、校园文化、国内高考、学科竞赛、国际教育、科创教育、艺体教育、服务社会等方面做了大量的探索和实践，成为深圳教育的窗口和文化名片。一路走来，筚路蓝缕，弦歌不辍。75周年不仅是学校承前启后、继往开来的里程碑，更是抓住国家发展机遇，实现进一步发展的重要契机。

辉光日新，筑梦未来。深中的美好明天需要所有深中人同心同德、携手开创。最后，祝愿初中部全体师生始终抱持一颗充满梦想和激情的心灵，在新校园发现美好、享受学习、热爱生活，不负岁月、不负期待、实现自我。

谢谢大家！

2022 年 9 月 19 日

奋斗创奇迹，逐梦新征程

——在 2022—2023 学年第二学期初中部开学典礼上的演讲

尊敬的各位老师，亲爱的同学们：

大家好！

东风送暖，春意盎然。2022 年底，我们一起走过了三年疫情最艰难的时期，亲身经历了与病毒的抗争。如今，冬天已经过去，熟悉的日常生活正在快速回归。党的二十大已吹响了全国奋进新征程的号角，征途如虹，蓝图绘就，作为深中的一员，我们同样蓄势待发，以奋斗的姿态与伟大的时代"双向奔赴"。

2022 年，我们迎来了深中建校 75 周年华诞——七十五载，薪火相传，生生不息，深中秉承"追求卓越、敢为人先"的精神传统，在办学理念、师资队伍、课程改革、校园文化、国内高考、学科竞赛、国际教育、科创教育、艺体教育、服务社会等方面做了大量的探索和实践，收获了许多"全省第一""全国第一""世界第一"的荣誉。"创业维艰，奋斗以成。"这些荣誉的取得都离不开"奋斗"这一关键词。站在新的起点，我以"奋斗创奇迹，逐梦新征程"为主题，与师生共勉。

奋楫扬帆，当勇敢追梦，坚定赤诚报国的志向。

从"敢教日月换新天"的革命豪情到"把青春献给祖国"的建设浪潮，从"团结起来、振兴中华"的时代强音到"清澈的爱，只为中国"的奋斗誓言，百年来广大青年在奋斗中释放青春激情、追逐青春理想，以青春之我、奋斗之我，不断探索中国未来。少年何妨梦摘星，敢挽桑弓射玉衡。今天的你们，可以把整个世界作为想象和行动的空间，去一展拳脚、实现抱负，希望同学们展骐骥之跃，茁壮成长为有理想、有本领、有担当的青年一代。

奋楫扬帆，当求真务实，学好担当重任的本领。

"日日行，不怕千万里；常常做，不怕千万事。"现如今"躺平"这一调侃之语席卷社会，然而其背后暗藏的消极和怠惰值得警惕。当你惊羡于成功的花儿的美丽，要知道，从来没有轻而易举的成功，只有竭尽全力的付出，那些你以为的驾轻就熟，其实都是有备而来。2022 年，初二（14）班的曾静姝同学从近七千名选手中脱颖而出，获评深圳市十佳文学少年。我相信，她的高光时刻一定是由无数奋斗的点滴汇集而成。在该奋斗的岁月里，大家应当对得起每一寸光阴，用努力绘出繁星闪烁。追光的人，终会光芒万丈。

奋楫扬帆，当砥砺精神，磨炼百折不挠的品格。

"莫道前路多险阻，再闯关山千万重。"成功的背后，是艰辛的努力；人生的光彩，是逆境的打磨。月夜里的苏轼泛舟赤壁，虽经贬谪，仍凌万顷之波，吟诵"挟飞仙以遨游，抱明月而长终"的旷达之词；草堂中的杜甫茅屋为秋风所破，却心系天下寒士，写出"穷年忧黎元，叹息肠内热"的悲切之诗；牢狱中的司马迁忍辱负重、椎心泣血，"究天人之际，通古今之变"，终成"史家之绝唱，无韵之离骚"。每一次跌倒后重新站起来，都能使你的能量更强大，信心更充足。在攀越高峰的逐梦路上，就要常怀不惧之心，敢于尝遍生活的酸甜苦辣，热爱生活，充满希望。唯有经历过严冬的苦寒与寂静，方能在春日里拥抱与珍惜来之不易的温暖时光。

亲爱的同学们，新学期，新起点，希望大家追随初心召唤，在知识的海洋里奋勇向前，以梦为桨，扬帆起航，用脚踏实地的精神、勇于担当的态度、滴水穿石的毅力，把美好的目标变为现实。愿新的学期里，每一位深中学子心中有梦，眼里有光，脚下有路，展现出青春最好的模样！

谢谢大家！

2023 年 2 月 6 日

善士斯友善士，微尘汇聚星光

——在2022—2023学年第二学期高中部
开学典礼上的演讲

尊敬的各位老师，亲爱的同学们：

大家早上好！

卯兔迎春，万象更新。犹记得去年12月的匆匆一别，感慨万千。三年疫情，打乱了我们正常的学习和生活节奏。如今，寒冬过去，新春已至，我们重聚在这春暖花开的校园里，重新回到亲爱的老师和同学身边，大家倍感温暖和亲切。

一个人在学生时代能够遇到好的老师是一生的幸运，能够结识优秀的学习同伴是一生的福分。三年高中生活，老师和同学在其中扮演着重要的角色。今天借此机会，和大家分享三句话，与师生共勉。

第一句来自《孟子》："一乡之善士斯友一乡之善士，一国之善士斯友一国之善士，天下之善士斯友天下之善士"。孟子的意思是，不论是一乡、一国，还是天下优秀的人，会和这一乡、一国、天下优秀的人交朋友。如今汇聚于深中的师生，已经实现了一市、一省、一国、天下之优秀青少年互相结为学习、工作的同伴，正如有人曾这样形容深中："这里可能是你待过的同伴质量最高的地方"。正因为此，同学们来到深中以后，也许就会发现，在很多方面，甚至是自己曾经最擅长的方面，都很难再是初中时无所不能

斯善楼

的那一位。"他山之石，可以攻玉。"当同学们面对明天的考试，或是未来的任何一次考试时，如果结果不如人意，失落虽然在所难免，但是大家都要学会用长远的眼光看待自己一时的挫败，用平视的眼光欣赏他人的成就，"择其善者而从之"，主动发现差距，积极精进自己，你也终会取得让他人仰望之成就。深中之所以在近六年实现大跨步发展、迈上新台阶，获得社会普遍赞誉，就是因为，我们始终在各个维度对标国内外顶尖高中，朝着世界一流的目标团结协作，拼搏奋斗。

我要分享的第二句话来自《孔子家语》："与善人居，如入芝兰之室，久而不闻其香，即与之化矣"。优秀的人与优秀的人交游，往往就会这样，相互吸引、互相成就。毛泽东青年时期为了革新学术、砥砺品行、改良人心风俗，曾张贴征友启事："愿嘤鸣以求友，敢步将伯之呼"，并于1918年在长沙蔡和森家中成立了新民学会，与追求进步、志同道合的朋友，共同寻求救国之道。他们中的许多成员后来都成为坚定的马克思主义者，成为共产党员。1923年，在中共三大选出的中央局成员中，毛泽东、蔡和森、罗章龙三人都是新民学会的成员。

"独学而无友，则孤陋而寡闻。"深中有一百多个社团，同学们因为志趣相投而自发结成团体，互相切磋、共同进步。深中拥有世界一流的教师队伍，除了国家课程，老师为同学们开设了360余门校本选修课、举办深中博士讲堂——课程内容并包文理，时间贯通古今，空间涵盖宇宙。希望同学们在老师的带领下，既能感受到科学的无限魅力，又能沉浸于文学的无穷韵味。希望各位老师学高为师、德高为范，成为同学们治学研究和为人处世的榜样。什么是好的教育？好的教育是你在一个好的学校里，遇到了一生可以效仿的典范和崇敬的榜样。同时，大家的眼光不能只停留在深中，要放眼全国、全世界，与你感兴趣领域中最厉害的人建立联系，提升格局、开阔视野，长此以往，你一定会收获更多。正如2022届毕业生谭可欣同学在"深中学子"所说："以良师为伴，与大师为伍，受艺术之熏陶，汲文学之精华，观社会之流变，识科学之博大……终于我们被浇灌成真正意义上的'深中学子'，以校园为沃土蓬勃生长，再带着各自的启蒙之光散布天涯……"

最后，分享一句谚语："独行快，众行远"。交友善学、追求真理是为了更好地关怀社会、改造社会；而改造社会绝不是一个人可以完成的，与优秀者同行，与智慧者相伴，以谦虚的姿态发现他人的优势，用开放的心态寻求他人的支持，你们不仅有可能在与他人的合作中打开一个新的世界，而且可以共同努力，携手让这个世界变得更美好。正如2022年秋夜为庆祝深中建校75周年举办的数百架无人机编队表演，那片震撼天际的无人机星空，亦是由无数个微小的光点构成；我们每一个人，都既可以是微尘，也可以是星光。让我们共同努力，有一分热，发一分光，集合为中国大地上温暖的一团火，团聚为历史长空中闪耀的一颗星。

祝老师和同学们开学快乐！

谢谢大家！

2023年2月6日

2-17

筑梦锦时，赓续荣光

——在 2023—2024 学年第一学期初中部
开学典礼上的演讲

尊敬的各位老师，亲爱的同学们：

大家下午好！

开学季的深中校园充满朝气与活力，欢迎 2023 级初一新生、新入职的老师加入深中大家庭。新的学期，新的征程，希望全体深中人继续秉承"追求卓越、敢为人先"的精神，传唱"凤凰花又开"的弦歌，坚定信念、砥砺前行，共同携手，跑好青春奋斗的接力赛，续写属于深中人的梦想与荣光。在此，我提三点期待与大家共勉。

第一，胸怀天下，心系家国。

精神是一个人的立身之本，也是一个民族、一个国家的繁盛之基，而至真至深的家国情怀，正是精神成长的旗帜。中国人自古崇尚以家国为先，"位卑未敢忘忧国""苟利社稷，死生以之"是刻在中国人骨子里的信念。苏轼是一位在文、诗、词方面都达到极高造诣的天才文学巨匠，但他更因"不以一身祸福，易其忧国之心，千载之下，生气凛然"的风骨和气节，成为不断启迪和触动中国人心灵的伟大之人。千百年来，中华民族之所以饱尝艰辛而不屈，历经磨难而不衰，就是因为这一情怀早已融入民族的血脉。

2023 年 8 月 11 日，丘成桐院士莅临深中时，勉励深中学子要"立志做大学问，做有深度、有内容的学问"。做大学问就要拥有远大的理想和抱负，不要只在乎眼前的分数，不要计较一时之得失。青少年时期是人生成长的重要阶段，同学们不仅要努力成为优秀的自己，更要立志做对国家和社会有贡献，能担当大任，心系家国的栋梁之材；当你把自己的青春理想融入国家发展的宏伟蓝图，青春的光谱就会更广阔，青春的光芒会更闪亮。

第二，德能并进，求真求实。

我一直推崇博雅教育的理念：做人第一，修业第二。著名画家石涛说："与其呕血十斗，不如啮雪一团。"呕血十斗，是技巧上的追求；啮雪一团，是精神上的升华。在任何时候，做人都是第一位的。德能并进，方能圆梦。

求真楼

陶行知先生有言："千教万教教人求真，千学万学学做真人。"无论是涵养品德，还是增长才干，求真求实是十分重要的价值追求。如今焕然一新的初中部，为同学们创造了宁静优美的校园环境和丰富多元的学习平台，希望你们倍加珍惜这宝贵的学习时光，在提升品德修养、开阔思维视野的基础上，求真学问、练真本领，发展成为具有中华底蕴与国际视野的拔尖创新人才。

第三，砥砺奋斗，勇毅前行。

奋斗是青春最亮丽的底色，行动是青年最有效的磨砺。初中正是人生旅途的花季，是人的身心和智能发展最为迅速显著的阶段，也是掌握知识、塑造自我的黄金时期，只有砥砺奋斗、勇毅前行，才能不断攀登人生高峰。

这个暑假，姜志城同学获第 64 届国际数学奥林匹克金牌，孙昊喆同学获第 55 届国际化学奥林匹克金牌，他们都来自深中初中部，是你们的学长。原初三年级 4 名队员在国际数学竞赛中获得 3 枚金牌、1 枚银牌，深中代表队在团队赛中获得冠军。这些同学是深中人的代表，在深中校园的每一个角落都能看到深中人精益求精、顽强拼搏的身影。深中正是因为有这样一群追求卓越的深中人携手奋进，才具有了与众不同的气质与风格。

亲爱的同学们，新的学期已经开启，愿你们带着梦想向荣光前行，去书写新的深中故事，创造新的辉煌。

谢谢大家！

2023 年 9 月 4 日

少年有志当擎云，不负青春向未来

——在 2023 届初三年级中考助推活动上的演讲

尊敬的各位老师、家长，亲爱的同学们：

大家下午好！

春潮传喜讯，万物勃生机。时光流转，三年的初中生活已接近尾声，中考倒计时已经开启，少年的你们来到了关键的冲刺阶段。今天，我们齐聚一堂，为同学们振奋精神、鼓舞士气，助力你们拼搏奋进、扬帆起航。

中考，是人生第一次大考，它是国家选材所盼、社会目光所聚，是家庭心血所倾、个人未来所寄。此时此刻，我特别能体会到各位同学接近终点线时的疲惫、紧张和焦虑，也能感受到同学们快马加鞭对最后胜利的迫切希望、渴望和向往。越是紧要处，越要调整心态；越是关键时，越要坚定信念。借此机会，我和同学们谈三个关键词。

第一个关键词是"立志如山"。

每个人在求学、生活和工作中皆有心之所向，谓之梦想。有梦想，才有努力的方向和奋斗的动力。一个国家有一个国家的梦想，我们国家不懈奋斗的梦想是实现中华民族的伟大复兴；一所学校有一所学校的梦想，深圳中学 75 年的筚路蓝缕从来都是怀揣梦想、砥砺前行，"建成中国特色世界一流高中"是深中要奋力实现的目标。那么，作为一名初三学生，你们当下的梦想具体而现实，今年能考上哪一所学校，就是你们接下来近百天奋斗的灯塔和路标。

同学们，"石可破也，而不可夺坚；丹可磨也，而不可夺赤"。决胜中考是漫漫人生的第一步，如果到如今你心中还未树立目标，那么现在就应该沉下心来慎重思考，根据个人的实际情况把目标确定下来，把梦想燃烧起来，坚定地朝着梦想攀登。

第二个关键词是"惜时如金"。

从今天到中考还有 90 天的时间。90 天，听起来很短，也可以很长。90 天，节气可以从盛夏到金秋；90 天，我们可以奋力拼搏，实现梦想，成就美好。时间是最公平的，它会用严格的姿态检验每一分耕耘和付出，它也会用鲜花与掌声回馈每一滴拼搏的汗水。

同学们，90 天的倒计时已经开始，中考越是近在咫尺，你们就越应该精心规划，只争朝夕。珍惜一切你可以利用的时间，合理把握学习和生活节奏，上课全情投入，自习提高效率，针对每一学科的弱点，补短板、补漏洞，举一反三，活学活用，最大限度地提高学习效率，以科学有效的方法，达到事半功倍的效果。

第三个关键词是"行道如水"。

中考不仅是智力与知识的竞争，更是心理素质的较量。提起良好心态，相信很多同学会想起毛主席《水调歌头·游泳》中那句"不管风吹浪打，胜似闲庭信步"，这句词体现出毛主席一贯的大无畏乐观主义精神。土地革命期间，他说"星星之火，可以燎原"；抗日战争期间，他说"四万万人一齐努力，最后胜利是中国的"；解放战争时期，他说"一切反动派都是纸老虎"；抗美援朝时期，他说"他们要打多久，我们就打多久，一直打到我们完全胜利"。毛主席以乐观的革命气魄，生动展示了高昂的战斗意志与不屈的斗争风骨。

同学们，我们要学习毛主席的乐观与自信、笃定与激情，不惧风雨，迎难而上，"逢山开道，遇水架桥"。相信风华正茂的你们必定能奏响六月归航的凯歌，为三年的初中生涯交上一份满意的答卷！

"少年负壮气，奋烈自有时。"亲爱的同学们，如今距离中考不到百天的时间，挑战与机遇并存，困难与希望同在。希望大家坚定信心、抖擞精神、全力以赴，坚持最后 90 天，拼搏最后 90 天，2023 的荣光必定属于你们，属于你们的家人，属于绚烂的深中！

谢谢大家！

2023 年 3 月 27 日

2-19

追风赶月莫停留，平芜尽处是春山
——在 2024 届初三毕业典礼上的演讲

尊敬的各位老师，亲爱的同学们：

大家下午好！

盛夏花开季，挥手离别时。今天，我们欢聚一堂举行深圳中学 2024 届初三毕业典礼。在此，我代表学校向圆满完成初中学业、即将踏上新征程的同学们表示热烈的祝贺，向潜心育人、默默付出的老师和家长致以诚挚的敬意！

在三年的深中学习时光里，同学们每天一进校门，就会看到竖立在中庭的八个字：追求卓越、敢为人先——这是深中精神，也是今天我想和同学们分享的一句话。七十七年来，深中秉承"追求卓越、敢为人先"的精神，不忘初心、砥砺前行、屡创辉煌、广受赞誉。对于深中人而言，这八个字也是我们最为珍视的精神底色。那么，什么是卓越？"卓越"，不仅是学识的积累、外在的荣誉，更是内心的优秀、人格的升华。借此机会，我和大家分享关于卓越的三点思考。

第一，卓越之本，贵在立志。

近日，著名物理学家薛其坤院士荣获国家最高科学技术奖，是迄今为止获得该荣誉最年轻的学者。薛院士曾考研 3 次、读博 7 年，做研究时因从早上 7 点开始就在实验室埋头工作，晚上 11 点才离开而被称为"7-11 先生"。他在接受采访时曾说，"回看自己的人生历程，我感觉，每个人都要有一种信念""当你有了信念，不管遇到多大的困难、经受着什么样的考验，都会因为有坚定的信念而笃定向前、乐此不疲"。深中和薛院士有许多渊源，薛院士先后两次莅临深中大讲堂。2018 年 4 月，薛院士在深中大讲堂上送给深中学子六条宝贵的人生经验：厚积薄发、积极乐观、精益求精、敢于创新、团结互助、胸怀理想。薛院士对最后一条"胸怀理想"的解读是：追求卓越的远大志向。这与我们的深中精神不谋而合，我想，这也是支撑薛院士在困境中坚守的"信念"。2022 年 6 月，薛院士在深中成立"薛其坤院士量子创新实验室"，激发深中学子从小在心里种下科学的种子。

薛其坤院士做客深中大讲堂

同学们，"追求卓越的远大志向"不仅是对个人未来的期待和憧憬，更是引领时代发展的使命和担当。希望你们树立自己的人生目标，以宽广的视野和格局、非凡的勇气和胆识，以奋斗之笔把青春华章写在祖国大地上。

薛其坤院士量子创新实验室

第二，卓越之路，贵在探索。

卓越不是一个时刻、一个终点，而是不断探寻、无限接近顶峰的过程和状态。正如亚里士多德所说："卓越并非一种结果，而是一种持续的努力。"薛院士曾这样回忆自己带队观测量子反常霍尔效应的研究过程："我们利用 5 台精密仪器，制备测试了 1000 多个样品，几乎每天都在重复同一个实验。每次失败后，我们优化样品、改进方法；又失败了，再优化、再改进，历时 4 年多才最终完成。"当谈到自己愈挫愈勇的科研经历时，他说："真正的迷宫可能有 99 条，只有一条是通的话，你必须要把不通的路给它探索到，这也算是科学上的一种贡献，这样的失败实际上是一种成功。"

同学们，成就自我的机会有很多，不必担心暂时的差距，坚持对卓越的追求，它会持续缩小现实与理想的距离，愿你们未来依然以激扬的斗志去探索自己的无限可能。

第三，卓越之心，贵在至诚。

深中初中部格物楼的命名来自四书中的《大学》："欲诚其意者，先致其知，致知在格物，物格而后知至。"这句话首先强调了诚意的作用——以真诚面对自己、以真诚对待他人和世界，赤子之心永远是助人实现理想的正能量。在不断追求卓越的路上，希望你们守住心灵的清净自然，保持内心的至纯至真，与清风为伴，邀明月为友，以千帆阅尽的从容、踏浪前行的勇气，不断追求卓越、敢为人先。

初中部格物楼

亲爱的同学们，2021年9月，你们初入深中，由于初中部改建，第一学年在高中部老校区学习；2022年9月，你们见证了初中部焕然一新的面貌，成为这个校园的第一批主人。从晒布路到贝丽南路，同学们的每一步都烙印在深中的热土，每一次成长都凝结着母校的关爱与祝福。"追风赶月莫停留，平芜尽处是春山。"未来无论走多远，不论荆棘、不论坎坷，愿你们始终怀揣深中精神，一直走在鲜花盛开的路上。

最后，衷心祝贺同学们毕业快乐，愿你们的人生旅途因不断追求卓越而精彩纷呈！

谢谢大家！

2024 年 7 月 3 日

第三辑

无悔青春　奋斗以成

"自古圣贤，盛德大业，未有不由学而成者也。"成就理想绝不能坐而论道，关键要脚踏实地、不懈奋斗，努力掌握扎实学识和过硬本领。易卜生说："你要想有益于社会，最好的法子莫如把你自己这块材料铸造成器。"把每件简单的事情做好，就是不简单；把每件平凡的事情做好，就是不平凡。

尊重生命，享受青春
——在第一届全国青少年生命教育
高峰论坛上的致辞

尊敬的各位专家、嘉宾、老师和朋友们：

上午好！

我非常荣幸作为东道主，在深圳中学成美剧场欢迎各位参加"第一届全国青少年生命教育高峰论坛"。"成美"之名，出自《论语·颜渊》的"君子成人之美"。

第一届全国青少年生命教育高峰论坛现场

人生如四季，少年如春、青年如夏，青少年正值人生最美好的年华。生命教育就是为了"成就青少年生命之美"，促使他们成为认识与了解生命、珍爱与享受生命、提升与完善生命的个体；同时，接下来各位专家即将带来的精彩分享，以及各位听众带着收获回到学校和社区的实践，都是君子成人之美的行为。

梁启超曾说："少年智则国智，少年强则国强。"青少年是国家未来的希望，是祖国建设的栋梁，因此对青少年进行科学的生命教育显得尤为重要。它可以帮助青少年在这个面临巨大挑战的阶段，初具"生命管理"的意识，学会尊重生命，学会与自己和周围的环境和谐相处。

青少年处于其身心发展的特殊阶段，因此生命教育的内容首先要关注他们生命的内在状态，包括内在的情感、情绪、意志、思想、欲望等，这是学校生命教育应该努力的主要方向；青少年生命教育的形式离不开同伴人际关系的建设，因为在这个阶段，人对同辈情感的需要和依恋到达高峰，关注青少年所在的校园人际关系本身，就可以帮助个体建立支持体系。

在深圳中学的教育实践中，生命教育是非常重要的一项内容。

学校丰富的学科课程及社团活动为青少年探索和尝试生命的可能性创造了舞台；朋辈社团连续 9 年组织生命教育活动，创造校园朋辈支持的环境，鼓励青少年感受和创造美好，接纳完整的自己和接受生活的全部。我们深知：每个人的生命都希望被认同、肯定、欣赏，所以，我们每位教育者都在努力走进学生的心灵深处，发现他们的与众不同，发现他们的巨大潜能，创设不同的情境，激发他们的生命活力。

今天大家在此相聚，共同探讨生命教育的理论发展与实践可能，这实在是件盛事；同时，本次高峰论坛也是深中 70 年校庆系列活动的重点项目。我相信本次论坛上来自海峡两岸的专家的分享，以及深圳中学在生命教育领域的经验，将促进参会代表对青少年生命教育工作的进一步思考与实践。

每一朵花都应当尽情绽放，每一个生命都值得被尊重和欣赏。

生命教育，势在必行！

预祝论坛圆满成功！祝各位在深圳平安喜乐！

谢谢大家！

2017 年 6 月 16 日

彼此当年少，莫负好时光

——在 2017—2018 学年第一学期高中部
开学典礼上的演讲

尊敬的各位老师，亲爱的同学们：

大家上午好！

今天，力行楼里青春洋溢、热情涌动，我们在这里举行 2017—2018 学年第一学期开学典礼。再次欢迎我们 2017 级的高一新生加入深中这个温暖的大家庭，欢迎我们高二、高三的同学们以崭新的面貌、饱满的精神状态重回校园，开启新的学习里程。

力行楼

今天我要讲的开学第一课的主题是"彼此当年少，莫负好时光"。《礼记·中庸》有云："博学之，审问之，慎思之，明辨之，笃行之。"这说的是为学的几个层次。然而，做学问之前一定要先学会做人，这是**我今天要讲的第一个关键词：修德。**

"国无德不兴，人无德不立。"同学们，作为一名合格的深中人，我希望你们首先要做到的是：修身立德，锤炼品格。学习不忘立身，成才不忘做人，永远记住"小成在智，大成在德"的道理。这里我要讲的"德"不仅仅是一己之"小德"，还有爱国之"大德"。

《战狼》这部电影在过去的这个暑假里备受关注，堪称一次全民参与的文化事件。它讲述了一段感人的故事：一位已经离开军队的军人在一场非洲国家叛乱中，本可安全撤离，却毅然选择重回战场为同胞而战斗。从他身上，我们看到了中国军人所展现的家国情怀和赤胆忠诚。同学们，没有革命先烈的英勇抗战，就没有今天的国泰民安；没有民族英雄的浴血荣光，就没有今天的书声琅琅。在没有硝烟的和平年代，同样需要百炼成钢的坚毅品质和新时代的英雄精神。我希望同学们能够学习中国军人身上的高尚爱国情操，弘扬民族传统，坚守家国情怀，做一个有担当、明是非、充满正义感和责任感的中国人。

我要讲的第二个关键词是"勤学"。

"业精于勤，荒于嬉；行成于思，毁于随。"同学们，学业精深源于勤奋。正如著名数学家华罗庚所说，"天才在于积累，聪明在于勤奋"。

杨振宁是20世纪最伟大的物理学家之一。今年2月，95岁的杨振宁恢复中国国籍，他是亿万中国人的自豪和骄傲。杨振宁曾在多个场合的讲话中说道："上中学时，对我比较有影响的是图书

馆里的书籍。从文学、历史、
社会到自然科学我都会看。"他
还曾回忆自己的大学时光："从
1938 年至 1942 年，我在西南联
大念了四年书。那时联大的教
室是铁皮顶的房子，下雨的时
候叮当响不停。地面是泥土压
成的，几年以后，满是泥坑。
在这样一个困难的时期，在常
常要拉警报的情况下，西南联
大的学术风气却是非常良好的，

学生们都非常刻苦。"我给大家推荐一本书，北大教授陈平原的
《抗战烽火中的中国大学》，这本书展现了一个民族的精神意志并
未在炮火中被击垮，而是越战越勇，稳定了人心，延续了文化命
脉，更积蓄了让后人肃然起敬的力量，立起一座民族精神的丰碑。

　　同学们，即便是 70 年前那个烽火连天、命如蜉蝣的年代，中
国的文化命脉也从未中断。你们现在的学习条件远比战时的中国
优越，所以就更应该充分利用身边的学习资源，珍惜宝贵的学习
时光，发奋努力，勤学善思，一步一个脚印，在追求卓越的道路
上越走越远。

　　我要讲的最后一个关键词是"笃行"。

　　几乎每一个深中人都会说：只要身处深中，就可以充满无限
可能。深圳中学有两百多门校本课程，有一百多个社团，有多彩
的校园生活，有丰富的学术活动。但是，如果你身在其中，却选
择只做一个旁观者，那么所有的精彩将与你无关。

　　邵卓涵，同学们肯定都认识，你们刚刚毕业的学长。大家都

知道他被哈佛和耶鲁两大世界名校同时录取的这个表层事实，但你们是否思考过这背后的深层原因？他的高中三年，充实而充满挑战。他曾说，深中带给他的不仅仅是一个结果，而是一个探索不同可能性、不断发掘自我潜能的过程。你们应该学习邵卓涵身上那种勇于探索、不断实践的拼搏精神。我希望你们在面对众多的社团或活动时，理性选择，理性取舍，成为适合自己平台上的积极参与者，甚至是卓越领导者。今年校庆前，学校会出版一本《走进著名大学：深圳中学学子成长足迹（2017）》，希望2018届、2019届之后的每一届学生都有机会在深中的历史里留下你自己的精彩故事。

亲爱的同学们，新的学期，新的起点，希望你们以全新的面貌迎接新的每一天。"彼此当年少，莫负好时光"，祝福你们充实而幸福地度过在深中的每一天。

谢谢大家！

2017年9月1日

三秋研墨，无悔青春

——在 2018 届初三年级月考表彰暨中考助推活动上的演讲

尊敬的各位家长、各位老师，亲爱的同学们：

大家下午好！

暖日和风，大地复苏；春意萌动，万物向荣。今天，我们在这里举行深圳中学 2018 届初三年级月考表彰暨中考助推活动。刚才播放的同学们校园生活的视频，让我们重温了大家在深中三年留下的难忘时光；教师和学长代表祝福的话语，让我们听到了深中精神在薪火相承；学生和老师们坚定有力的宣誓，让我们感受到了深中人砥砺前行的决心和信心。这是箭在弦上的蓄势待发，是"少年有志出乡关，学不成名誓不还"的庄严承诺。借此机会，我送大家三句话。

第一，自信乐观，迎难而上。

众所周知，深圳的中考竞争相对比较激烈，正因如此，你们更要保持积极乐观的心态去面对它。磨难的大小永远都跟目标和成就的大小成正比，追求越是卓越，面临的困难肯定会越大；目标越是高远，遇到的境地也许会越艰险。

希望同学们拿出"勇者无惧，强者无敌"的自信和底气，发扬深中人迎难而上、敢为人先的奋斗精神来迎接挑战，不驰于空想、不骛于虚声，一步一个脚印，踏踏实实复习，坚持不懈努力，毫不犹豫、毫不退缩地去追逐自己的梦想。

第二，合理规划，惜时勤学。

孔子曰："逝者如斯夫，不舍昼夜。"现在距离中考仅有 105 天的时间，每一天对你们来说都非常宝贵。

但即便是这样，珍惜时间也绝不代表一味地透支身体，越是在紧要的关头，越要懂得健康饮食、合理作息、科学规划。计划是行动的前提，身体是革命的本钱。清华大学施一公院士分享自己长跑锻炼的经历时说，正是当年在清华园养成的锻炼习惯，使他在之后紧张的学术研究中能够保持旺盛的精力和健康的体魄。同学们要学会做时间的主人，在紧张的复习中不忘锻炼身体，劳逸结合、提高效率，方能事半功倍。

第三，谦虚谨慎，切问近思。

《论语》有云，"博学而笃志，切问而近思，仁在其中矣"。经过深中三年的学习和磨炼，同学们在"博学笃志"方面已经打下了一定的基础。临近中考，你们更需要在"问"和"思"上多下功夫。

学习是一个不断发现问题、分析问题、解决问题和再去认识更高层次问题的过程，学习也是一个从困惑、迷茫、煎熬到最终顿悟的过程，因此你们的学习绝不是单纯地接受"是什么"，更要多想多问"对不对""为什么"。"为学之道，必本于思。思则得之，不思则不得也。"你们身边有智慧敬业的教师团队，特别是初三的老师们，他们每天从早到晚，一心扑在教育教学工作上；你们身边还有许多卓尔不凡的同学和学长，他们在和你们一起并肩战斗。当你们遇到自己无法解决的问题时，记得及时向老师、同学请教，谦虚谨慎、查缺补漏，胜不骄、败不馁，积极进取、步步为营。

亲爱的同学们，今天是一个值得我们深深铭记的日子，初中部校园里悬挂的长联"十年磨剑挥戈千里追日月，三秋研墨纵毫万卷折桂枝"，道出了老师、家长对你们的殷殷期盼和深切祝福。希望你们以全新的面貌迎接新的每一天，相信你们一定会在2018年的中考谱写出最美华章！

最后，感谢全体老师的辛勤耕耘，感谢各位家长的辛苦付出，预祝同学们中考取得圆满成功！

谢谢大家！

2018 年 3 月 9 日

3-4

做自己的青春摆渡人
——在 2018 届初三毕业典礼上的演讲

尊敬的各位老师、家长，亲爱的 2018 届全体毕业生：

大家上午好！

今天是一个值得铭记的日子，我们在这里举行深圳中学初中部 2018 届毕业典礼，为即将离开校园、扬帆起航的深中学子送行。在此，我代表学校向所有毕业生致以最热烈的祝贺！向辛勤培育你们的家长、悉心教导你们的老师，以及关心帮助过你们的每一位朋友，致以衷心的感谢和崇高的敬意！

三年的时光悄然而逝，离别总是不期而至。你们还记得夏日炎炎，窗外玉兰花树上的蝉声聒噪吗？还记得台风来袭，在暴雨红色预警中的漫长等待吗？还记得同窗三年，教室里那些浅吟低唱和高谈阔论吗？今天之后，玻璃窗，白粉墙，脱下校服，褪去轻狂，没人的教室，没人的走廊，一片空荡，一片怅惘。

除了这些青葱记忆，蓦然回首，也许更让大家印象深刻的，是这三年的成长历程吧。那是从文字、电流、细胞、单词、抛物线、元素周期表中穿梭而来的青春追光，打在那些不为外物所扰，兀自一人前行的背影上，打在那些踱步思索，用知识拓宽思想边界的日日夜夜里。

三年，不负勇往；是你们，让自己的青春散发着耀眼的光芒。我真诚地祝福同学们，不忘初心，拥有灿烂的前程！

"心之何如，有似万丈迷津，遥亘千里，并无舟子可渡，除了自渡，他人爱莫能助。"以青春为河，此岸是少年的意气风发，彼岸是理想的闪闪光华，我希望大家都能做自己的青春摆渡人。

　　首先，要有清醒独立的认知，找到自己要去的方向。"清醒独立的认知"是自外而内的，拨散眼前的迷雾，看到纷繁假象背后的本质，不至于被徒有其表的事物所迷惑，随波逐流。"找到自己要去的方向"是自内而外的，要倾听自我内心的声音，而不是周围的掌声，更不是外界的喧哗。要认清自己，找到自己的方向，过自己想要的生活；不要为了某种私利而放弃应有的原则，不要为了某种虚幻的未来而不顾做人的底线。

　　其次，要有坚持不懈的毅力，不失逆境穿行的勇气。1919 年章太炎先生在《今日青年之弱点》一文中写道："现在青年第一弱点，就是把事情太看容易，其结果不是侥幸，便是退却……亦有时凑巧居然侥幸成功。他们成功既是侥幸得来，因之他们凡事皆想侥幸成功。但是天下事哪有许多侥幸呢？于是乎一遇困难，即刻退却。"同学们，你们的青春从此岸摆渡到彼岸，不会总是风和日丽，波澜不惊，当风浪袭来，遇难辄返，只会徒留生命的叹息，逆境中穿行的勇气告诉你逆流而上，将是海阔天空。

　　请大家记住：勇气是我们生命中最鲜艳的一抹原色。没有勇气的人生是苍白无力的孤行，没有勇气的生活是暗淡无光的虚度。人生苦短，唯梦想和勇气不可辜负。凡心所向，素履亦可往；生如逆旅，一苇亦可航。

　　最后，要有千帆阅尽的从容，拥有诗意栖居的灵魂。很多人会觉得，今日之少年，正当风华正茂，中流击水，浪遏飞舟，怎么可以有"千帆阅尽""诗意栖居"这么"避世退隐"的心态呢？拥有诗意栖居的灵魂，不是让大家"退"，而是在"进"的路途上，懂得与清风为伴，懂得邀明月为友，懂得为落日执镜，见她羞落一江霞色，懂得为弦月执钩，帮她网一江星斗。因为，拥有一颗审美的心，永远让人年轻。

初中部老校门

"潮平两岸阔，风正一帆悬。"今天，你们从贝丽南路46号出发，扬帆起航，彼岸的激滟风光在召唤着你们。愿你们都能成为自己的青春摆渡人，驾轻舟，过万重山，去追逐属于你们的星辰和大海！

请记得，深中是你们最初的港口，它就在这里，等着大家归航！

谢谢大家！

2018 年 6 月 26 日

青春深谷藏金，愿你以梦为马

——在 2018—2019 学年第一学期高中部 开学典礼上的演讲

尊敬的各位老师，亲爱的同学们：

大家早上好！

欢迎你们重返校园，非常高兴看到学校因大家的回归而重焕生机。借此机会，我还要特别欢迎深中的新主人——2018 级高中一年级的全体同学以及新入职的老师们，你们是深中的新希望与新活力，欢迎你们，愿你们在这里度过无悔的青春！

在刚刚过去的这个暑假里，深中可谓喜报连连，令人振奋。杨天骅和薛泽洋同学获得第 49 届国际物理奥林匹克（IPhO）金牌；聂翊宸同学获得第 50 届国际化学奥林匹克（IChO）金牌。一所学校一年内在高中阶段顶级的国际学科奥林匹克中荣获 3 枚金牌，这在广东省内是首次，在全国都实属难得。

我在 8 月 3 日的新闻发布会上说："深中学生的成才路径绝不止于竞赛。"今天获得"腾讯之星"和"十佳社团"的同学，以及在座每一位优秀的深中学子，你们非常生动地诠释了这句话，你们都是深中教育的代言人。同学们的成长路径和取得成就的领域，几近完美地展现了深中"为学生搭建多元发展立交桥，让每个孩子都有出彩机会"的教育理念。

学校为大家搭建多元发展立交桥，希冀你们每个人都有出彩机会的时候，同学们自己又该如何在这座立交桥上找到属于自己正确的道路和出口，顺利通往人生的下一阶段？借此机会，我给大家提三点建议。

第一，发现独树一帜的优势。

老子说："知人者智，自知者明。"在每年的深中入学教育期间，学校会邀请各个领域的家长代表以及你们的优秀学长学姐，来给同学们分享他们的职业故事和成长故事，为的就是不断唤醒大家的生涯规划意识，从而自觉地在经历学业、社团、人际等校园生活时，觉察自己，发现兴趣，注重优势，理性选择。

我一直不赞成将"木桶理论"简单地类比到人的身上，现代脑科学的研究已经证实：教育中的"补短"不如"扬长"。同学们从兴趣出发，将兴趣变为志趣，将优势发挥到极致，未来自然而然会在擅长的领域中脱颖而出，闪烁光芒。

第二，培养自律自省的品质。

很多同学在各种场合经常说："深中的生活太精彩，以至于怎么过都是浪费。"其实，如果不自律，深中精彩的生活就是别人的故事，和你便毫无关系。康德说："所谓自由，不是随心所欲，而是自我主宰。"一个人的自律中，藏着无限的可能性，你自律的程度，决定着你人生的高度。

深中公众号从去年开始推送"深中学子"这个栏目，最初编辑老师起的名字是"深中学霸"，我建议他们换为"深中学子"，因为学霸容易给人一种错觉，就是这些人的牛是天然的、自然的。如果你是一个有心人，细心看过那些成长故事，你会发现，这些同学虽然个性迥异，各领风骚，但是他们都有一个共同的品质：自律自省。近期给我印象很深的是王泽坤同学的分享，他非常坦诚地谈到了自己在竞赛道路上，不断反思与抉择的心路历程；他在主动完善自己的过程中，表现出了宝贵的自省精神和自律品质。

去年，当我看到那么多优秀学子分享的成长故事时，就萌生了一个想法——把他们的文章结集成册，汇集出版，并将书名定为《走进著名大学：深圳中学学子成长足迹（2017）》。今年，我们会继续出版《走进著名大学——深圳中学学子成长足迹（2018）》。同时，我也希望在座的每一位同学都能把自己在深中学习生活的所见、所闻、所思、所感记录下来，并投稿给公众号发表，非常期待看到你们的精彩故事。

第三，磨炼屡败屡战的意志。

"屡战屡败""屡败屡战"，四个同样的字，被曾国藩以不同的顺序组合，不仅成就了曾国藩的豁达人生，也揭示了立大志成大事者的另一秘密。深中无一学生不优秀，这也就意味着，在深中的同伴压力是比较大的，在学业分层测试、社团面试、班级选举等各个领域，我们的同学都可能比较容易有受挫的感受及经历。

正如孟子所言："天将降大任于是人也，必先苦其心志，劳其筋骨，饿其体肤，空乏其身，行拂乱其所为，所以动心忍性，曾益其所不能。"被外界誉为天才的杨天骅，在成为国际物理奥林匹克金牌得主的道路上，和我之前带过的很多奥赛金牌选手一样，都是依靠坚韧的意志力不断克服重重困难，最后才获得了如此骄人的成绩。

深中致力于打造世界一流高中和世界一流的"资优生孵化器"。这个目标的实现需要全体教职工的努力，更需要身处其中的各位同学的努力。青春深谷藏金，愿你以梦为马！

谢谢大家！

2018 年 9 月 3 日

3-6

术业宜从勤学起，韶华不为少年留

——在 2018—2019 学年第二学期高中部开学典礼上的演讲

尊敬的各位老师，亲爱的同学们：

大家早上好！

"岁月不居，时节如流。"带着美好的憧憬，我们又迎来了新的学期，面对新的挑战，谋求新的进步，力争新的发展。在此，祝愿全体师生在新的一年安康喜乐，诸事顺意；祝福深中在 2019 年更展宏图，独占鳌头！

上学期，深中微信公众号的"深中学子"栏目分享了 2018 届近 50 位学生的成长故事。虽然他们的成长经历、个性特点、发展领域各不相同，但却有着相似的信念：他们相信自己的潜力是无限的，相信困难和失败是暂时的，相信努力是取得成功的重要因素。

我想到了深中校友陈一丹所创立"一丹奖"的首届教育研究奖获得者——美国斯坦福大学心理学教授卡罗尔·德韦克。德韦克提出人的思维方式分为两种：一种是成长型思维，一种是固定型思维。在她看来，一个人拥有成长型思维，将乐于接受挑战，并积极地去扩展自己的能力，而这也是人的发展所需的必备能力。

陈一丹在 2017 年深中 70 周年校庆上致辞

2015 级许清清同学在她的故事分享中说:"中考之后,本以为一定可以去荣誉体系,军训前看到自己在标准体系时感觉有点恍惚——高中从一开始就和自己设想的不太一样。"但是她并未由此产生自我怀疑、停滞不前,而是用"到位就是超越"这句话严格要求自己,脚踏实地、扎实进取,最终考上了理想大学——剑桥大学。许清清同学描述的这样一个心路历程,其实就是一个从固定型思维到成长型思维转变的过程。

我希望深中的每一位师生都能在未来的学习生活中,不断发展自己的成长型思维。

第一,坚信努力的价值。

成长型思维告诉我们,虽然人们在天生资质、气质性情上存在差异,但是每个人都可以通过努力实现改变,获得成长;人的智能是多元的,一个人真正的潜能是无限的,天生我材必有用,只要努力去探索，你总能发现自己的优势和闪光点。现代脑科学研究证明，当我们每一次突破自己的"舒适区"去学习新知识、迎接新挑战，大脑中的神经元都会形成新的、强有力的联结，相关的神经突触会越来越发达，而且这些愿意迎接挑战的人也会变得越来越聪明。

同学们，"人生万事须自为，跬步江山即辽阔"。希望你们始终坚信努力的价值，即使一时的回报不如期待的那么丰厚，也要保持乐观的精神，坚持不懈，守得云开见月明。

第二，理解失败的意义。

固定型思维模式很容易把一件具体事情的失败泛化到生活的各个层面，把事情的失败转化为自己的身份标签，将自己定义和塑造成一个"失败者"；而对于拥有成长型思维的人来说，失败肯定也是一件让人痛苦的事，但区别在于，他们认为糟糕的处境并不能够定义自己，应该花更多的时间去考虑如何面对问题，处理问题，解决问题，并从中有所收获。

同学们，"少年易老学难成，一寸光阴不可轻"。生活不可能永远一帆风顺，学习也从来不会是直线前进；希望你们学会用成长型思维看待失败，不要在失误里踌躇不前，要在挫折中总结经验，不断进步，在自我修正中成为最好的自己。

第三，保持探索的热情。

当同学们在课堂上面对难题的时候，有人回答"不知道"，有人会说"还不知道"。仔细体会一下，"不知道"和"还不知道"是有差异的："不知道"是固定的，"还不知道"中多的这个"还"，则孕育着变化的可能性，是动态的，它包含着对未知过程探索的愿望和热情。当你给出"还不知道"这个答案时，说明你虽然此刻不知道答案，但是并不打算就此罢休，你愿意不断探究，直至找到答案。

同学们，生命不息，探索不止。虽然通往未知世界的道路荆棘遍地、杂草丛生，但你只要敢尝试、敢突破，就定会在努力之后发现美丽的风景，享受获得真知的快乐。

认真阅读深中学子的成长故事，大家会发现，他们在获得成长型思维之前，大都也在固定型思维模式里兜兜转转。思维的发展和存在，不是非此即彼的东西，固定型思维和成长型思维并存于每个个体。通往成长型思维的路途，也不会一帆风顺、一蹴而就，它是一段旅程，而不是一碗"鸡汤"。

"术业宜从勤学起，韶华不为少年留。"祝福各位在新的一年惜时如金、脚踏实地，顺境不耽于舒适、困境不溺于失望，在人生的道路上始终步履不停，早日实现心中理想！

谢谢大家！

2019 年 2 月 18 日

3-7

志存高远，向阳而生

——在 2019 届初三毕业典礼上的演讲

尊敬的各位老师、家长，亲爱的 2019 届全体毕业生：

大家上午好！

今天，我们欢聚一堂，在这里隆重举行深圳中学初中部 2019 届初三毕业典礼。首先，我代表学校向全体毕业生致以热烈的祝贺！向多年来为同学们的学习、生活付出辛勤汗水的全体教职员工表示衷心的感谢！向关心学校发展、关爱同学们成长的各位家长，致以崇高的敬意！

又是一年毕业季。回首这三年，同学们在深中校园里一定收获了许多欢歌笑语和难忘的回忆。今天，大家将要满怀着欣喜与激动、留恋与不舍离开校园。在临别之际，我有几句话与你们共勉。

第一，志存高远，勇于担当。

个人命运与国家命运休戚相关，最近的中美贸易战让每个中国人更加深刻地认识到"落后就要挨打"的道理。但所有中国人都坚信，中华民族定能经得起时间的考验和实践的磨砺。

同学们，我们正身处一个伟大的时代，也是一个充满机遇和挑战的时代。国家未来的希望、民族的振兴寄托在青年身上，寄托在你们身上。少年强则国强，只有青年人志存高远，勇于担当，我们的国家和民族才会有未来、有希望。

第二，心向光明，追求卓越。

中考结束，有些同学的学习成绩也许暂时还不够理想，也许这一次中考没有考出自己应有的水平。但不要灰心丧气，海明威在《永别了，武器》中就告诉过我们："生活总是让我们遍体鳞伤，但到后来，那些受伤的地方一定会变成我们最强壮的地方。"

同学们，在你们的成长和奋斗中，会收获成功和喜悦，也一定会面临困难和压力。要正确对待一时的成败得失，处优而不养尊，受挫而不短志，使顺境、逆境都成为人生的财富而不是人生的包袱。尤其是在遇到挫折时，不要丧失拼搏的斗志，不要丧失对梦想的追求，要保持一颗积极向上的赤子之心，就像向日葵一样，永远追逐着太阳，追逐着光明。即使山重水复疑无路，但只要心之所向，执着向前，总有一天会云开见月，柳暗花明。

第三，厚积薄发，水到渠成。

正如汪国真在《热爱生命》中写的这句话："我不去想，是否能够成功，既然选择了远方，便只顾风雨兼程。"成功是一件水到渠成的事，无须杞人忧天、庸人自扰、患得患失，只要勤奋踏实地过好每一天，终有一天滴水可以穿石，水到自能渠成。

同学们，你们2019届高三的学长学姐，就用实际行动印证了这个道理：他们以愚公移山之志，持之以恒；以功成不必在我之念，久久为功；勤奋务实，静思笃行，最终在今年的国内高考中取得了骄人成绩：

全省理科前100名，深中10人，全省第一。

理科屏蔽生深圳7人，深中4人，全市第一；文科屏蔽生深圳8人，深中2人，深圳市并列第一；文理屏蔽生人数均全市第一。

他们都是"追求卓越、敢为人先"深中人的卓越代表。

心中有阳光，脚下有力量。最后，祝福所有2019届毕业生，希望你们以历届优秀的深中人为榜样，志存高远、向阳而生、奋力拼搏、勇立潮头；希望你们成就最好的自己，无愧美好时代！将来无论你们走多远，同学们都要记得，深圳中学是你们永远的家园！

谢谢大家！

2019 年 6 月 25 日

活出青春该有的样子

——在 2019—2020 学年第一学期高中部开学典礼上的演讲

尊敬的各位老师，亲爱的同学们：

大家早上好！

新的学年，看到大家一扫疲惫与稚气，神采奕奕，如约归来，我倍感激动。激动于一批新同学、新老师紧握梦想通行证，整装待发，即将在深中扬帆远航。让我们以热烈的掌声欢迎 2019 级高一年级全体同学以及新入职的高学历教师"天团"加入深中大家庭！

集麟凤英才而育之，是深中之幸；育麟凤英才而成之，是深中之责。学校一直致力于为深中学子搭建多元发展立交桥，助力学生成长成才。过去的一年，深中各项工作取得了累累硕果：课程改革稳步推进，德育工作卓有成效，学科竞赛捷报频传，海外录取成绩斐然，国内高考独占鳌头，艺体发展卓然超群，师资建设迈向一流……

在这里，要感谢所有深中师生的努力与付出！这些耀眼的成绩固然值得骄傲，但作为深中人，我们也应该有何足为道的气魄和格局。因为从提出"建设中国特色世界一流高中"的那一刻起，我们就应该知道，只有这样的成绩才配得上如此高远的目标。"追求卓越、敢为人先"，这本来就是深中该有的样子！

同学们，不知你们是否发现，其实你们的成长轨迹和深中的发展路径何其相像。你们和深中一样，从小就顶着夺目的光环，在大家的殷切关注下成长；你们和深中一样，肩负着固国兴邦的重任，深中是深圳教育的窗口和文化名片，你们更是国家的栋梁之材、家庭的幸福源泉。正是这份相像，你们才会选择深中，成为执手深中、青春同行的友人。

从你们走进深中的那一刻起，你们便将与深中唇齿相依，互相成就。如今，面对责任之重与前路迢迢，深中尚在秉持着追求卓越的奋斗精神，那风华正茂的你们呢？当学长们将接力棒交到你们手中，你们又该以怎样的青春面貌，去描绘和创造深中该有的样子呢？

青春要有敢于梦的样子。毕淑敏说：青春当远行。那就是要你们无所顾忌、无所畏惧，去勇敢地做一个引领未来的梦。近几年，一大波艺人养成类节目集结而来，收割了很多年轻人的眼球。他们中，有的个性张扬，不惧非议，清澈的眼底只看得到梦想的倒影。有的在逐梦路上浪迹多年却仍不放弃，只是为了让自己的青春不留遗憾。一档节目如果能够做到用偶像的力量引领时代的精神风尚，自有它的价值。一个人，无论何时，都敢于做梦、逐梦，他就很了不起。

青春要有依于德的样子。北大教授饶毅曾寄语学生："在你所含全部原子再度按热力学第二定律回归自然之前，我希望它们既经历过物性的神奇，也产生过人性的可爱。"只有当人性有了温度，它才显得可爱。作为一名学生，既要学海逐浪，也要不断加固自己的精神堤坝——时时不忘人格的自我完善，做和谐发展的人。仁、义、礼、智、信……不仅要将其内化于心，还应将其外化于行。心中有爱，眼里有光，行中有善，不断加强自身的道德修养，做德才兼备的深中人。

热力学第二定律

青春要有志于学的样子。成功的路上从来不缺少梦想，缺少的是助梦想扶摇直上的翼下之风，而这翼下之风就是敏而好学。那么，深中学子应该学什么？我一直认为深中学子的求学眼光不能仅仅是考上一所一流大学或拿到一份藤校录取通知书，也不能仅仅着眼于站上国际领奖台摘得一枚世界金牌。你们习得的真知识要能帮助你们形成独到的见解和深邃的思想，你们学来的真本领要能帮助你们更好地认识世界、改造世界。只有这样，你们才能日新又新，独领风骚。

青春要有据于勤的样子。胡适先生说："天下没有白费的努力。"你们要深信：今日的失败，都源于过去的不努力；今日的努力，必定有将来的大收成。我希望在新图书馆里，记录下的是你们的书海泛舟；我希望在朗读亭里，听到的是你们的书声琅琅；我希望在新宿舍楼里，看到的是你们的自律与自省。"少年易老学难成，一寸光阴不可轻"，希望你们惜时进取，书写青春无悔的华章。

敢于梦，依于德，志于学，据于勤，活出青春该有的样子。谁做到了这些，未来必定可期！

最后祝大家开学快乐！

2019 年 9 月 2 日

奔跑吧，少年

——在 2019—2020 学年第一学期初中部 开学典礼上的演讲

尊敬的各位老师，亲爱的同学们：

大家下午好！

在这金秋时节，我们迎来了新学年，开启了新征程！新的时光，寄寓着新的希望，承载着新的梦想。在此，让我们用热烈的掌声欢迎刚刚入校的初一全体新生！衷心祝愿初中部全体师生在新的学年工作顺利、学习进步！

过去的一年，初中部在"建设深圳最优初中"的征程中，成绩斐然：石语涵同学以 451 分的优异成绩，位列 2019 年深圳市中考总分第一名，11 名学生的成绩达到 445 分以上，考上深中高中部的人数为 149 人，在全市遥遥领先；2019 年的北大、清华飞测中，全省共有一等奖 18 人，深中学子占 12 人，其中初三 2 人、初二 1 人，均获北大、清华高考录取优惠政策。

近三年，我们引进了许多优秀教师到初中部任教，这是将初中部建成"深圳最优初中"的重要保障。比如，北大、清华、港科大毕业生王坤、阮中楠、李贵忠任教初中数学；国际物理奥林匹克金牌教练熊志松任教初中物理，国际化学奥林匹克国家集训队队员、毕业于北京大学的曾灿任教初中化学。此外还有像姚学林、吴聪、张文涛、饶晓星、曹霞、刘惠、苗淑艳、黄玲、陈冬杰、张秋阳、权元元、何飞等一大批优秀教师到初中部执教，我也给初中部学生做讲座，并为初中部编著出版了校本教材《数学培优教程》（7 年级～9 年级）。

2019 年初中部 12 名新聘教师都是国内外名校硕士、博士，许轲是北京大学博士，刘萱文是中国科学技术大学博士，毛静静、钱康都是北京大学硕士，杨洁珍是伦敦大学学院硕士，杜瑞楠是南开大学硕士，刘艳姣是中国科学院大学硕士，于斯寒是北京师范大学硕士，郭旭一是厦门大学硕士，燕玺宇是中央美术学院硕士，还有陈迟、何良雨是北京体育大学硕士。这 14 名新聘教师，在他们自己的学科领域都是佼佼者。

一流的师资培养一流的学生，建设一流的学校，需要我们同心同梦，携手同行。

为了能够和"建设深圳最优初中"的办学目标同频共振，在此我对你们提三点希望：

第一，肩负使命，志存高远。

建设中国特色社会主义先行示范区，是时代赋予深圳的使命；建设深圳最优初中，是初中部追求卓越的奋进号角，而你们也应肩负起自己的使命与担当：胸中要有大格局，眼中要有大视野，与时俱进，做精英中的精英！

"器大者声必闳，志高者意必远。"炮火连天的峥嵘岁月，西南联大在短短八年时间里，培养出了 2 位诺贝尔奖得主、1 位沃尔夫数学奖得主、8 位"两弹一星"元勋、174 位两院院士……联大师生在坚守信念、刻苦钻研的同时，心系国家前途命运，自觉擎起民族精神的火炬，成就自我，照亮时代。作为社会的精英，他们担起了推动整个国家前进的重任。

作为新时代的中学生，你们应该追随先贤的步伐，志存高远，从小事做起，从现在做起，用青春梦激扬中国梦，努力成长为具有中华底蕴和国际视野的拔尖创新人才。

第二，崇德修身，成己达人。

苹果公司 CEO 库克说："我并不担心人工智能赋予计算机像人类一样思考问题的能力，我更担心人类像计算机那样思考问题——摒弃同情心和价值观并且不计后果。"

初中阶段是世界观、人生观、价值观养成的关键时期，因此，在笃志向学的同时，要不断加强自身的品德修养。做一个有温度的人，要将"感恩父母、敬爱老师、团结同学……"这些常被挂在嘴边的道理，落实到具体的行动中。做一个有情怀的人，要相信"无尽的远方，无数的人们，都和我有关"，常怀爱人之心，常行善良之举。

"人无德不立"，修身当与学习并重，初中三年，你们不仅要在学业上精进，还应取得人格上的完善。

第三，博学慎思，明辨笃行。

鲁迅先生说："哪里有天才，我是把别人喝咖啡的工夫都用在了工作上。"你们的学姐石语涵同学在回顾自己的初中生活时说："这是一段简简单单、认认真真、一步一步走下来的学习道路。"我想，这一路不仅需要心无旁骛的定力、脚踏实地的努力，也需要"千淘万漉虽辛苦，吹尽狂沙始到金"的恒心。

作为一名初中生，学习是第一要务，但我不希望你们将学习当作达成某种目标的手段，而是能够乐学、好学、会学，将学习作为一种责任、一种精神追求、一种生活方式。"少年辛苦终身事，莫向光阴惰寸功"，请珍惜当下，做好每天的事情，而不要给自己太多懈怠、拖延的理由，让奋斗成为青春的底色！

在这个资讯爆炸的时代，你们要擦亮双眼，捍卫良知，有所为而有所不为；不要做网络上的"键盘侠"、生活中的"路人甲"，要做真理之路的求索者！

站在新的起点上，我衷心地希望你们心中有阳光，肩上有担当，脚下有力量，做时间的主人、命运的主宰、灵魂的舵手！

奔跑吧，少年！

2019 年 9 月 2 日

不负芳华岁月，尽显青春本色

——在 2020—2021 学年第一学期高中部
开学典礼上的演讲

尊敬的各位老师，亲爱的同学们：

大家上午好！

新的学年，新的校园，深中新校区以崭新的面貌迎来了她的第一批主人。回首三年前，在建校 70 周年之际，我们确立了"建设中国特色世界一流高中"的办学定位，当时最大的短板是师资队伍和校园环境。为实现办学目标储才蓄能，我们极力倡导和践行"让最优秀的人教育下一代，培养出更优秀的人"，用三年半的

深中新校区

时间引进了 100 多位哈佛、牛津、剑桥、北大、清华等世界名校毕业生和诸多经验丰富的优秀教师"加盟"深中，学校目前已经形成了经验丰富、教学业绩突出、学术水平扎实、结构合理的老、中、青相结合的教师队伍；为了打造百年名校、千年学府，在市委市政府、市教育局的大力支持下，深中新校区自 2018 年 3 月 6 日开建以来克服重重困难，历时两年半终于迎来了今日的华丽蜕变。站在经济特区成立四十周年的关键节点，如今的深中万象更新，蓄势再出发。希望同学们在这座世界一流的校园里快乐学习、享受生活，奋发向上、积极进取，不负芳华岁月、彰显青春本色。

青春本色是自信乐观、虚怀若谷。

进入深中以后，同学们最大的感受可能是"身边的人都很优秀"，有时甚至会感到自卑。其实，"你站在桥上看风景，看风景的人在楼上看你"。你不经意间的智慧光芒，也会启发别人；你举手投足间的自信潇洒，也会感染别人。永远不要低估自己的价值，每个人都有无限的潜能等待去发掘，每个人都有出彩的机会。

"每个人都有出彩机会"，这句话同样也蕴含另外一个道理：同学们在肯定自己的同时，更要发现别人的闪光点，虚怀若谷、不矜不伐，找准差距、见贤思齐。有时候保持一定的自我怀疑，才能及时发现并弥补自身的不足，不断修炼成为更好的自己。

青春本色是敢于选择、坚定步伐。

正是因为深中为同学们提供了充分选择的空间和自主选择的权利，才会广为流传着这样一句话："深中的生活太精彩，以至于怎么过都是浪费。"有时候面临的选择多了，也是一种考验。小到选择社团、校本课，大到高考选科，再到将来选择就读的专业、从事的职业，在每一个分岔路口，同学们都需要审慎思考、理性决断。

杨绛先生曾说："走好选择的路，别选择好走的路，你才能拥有真正的自己。"那些看似好走的路，未必适合自己，也不能通向自己梦想的远方。2020年的残酷疫情曾让人不寒而栗，在这期间挺身而出的无数医务工作者被称为"最美逆行者"。有人这样担心：医患关系紧张、逆行抗疫辛苦，还会有很多人选择学医吗？2020届深中毕业生给出了最温暖的答案：参加了史上最艰难高考的他们，有50人选择了医学专业，而去年仅为21人。这彰显了深中人的情怀与担当，我为他们感到自豪与骄傲。鱼与熊掌不可兼得，生与义亦不可兼得。做出明智的选择需要忠于内心，坚定自己的选择后就要无所畏惧、勇往直前。

青春本色是知行合一、厚积薄发。

"积跬步以致千里，积怠惰以致深渊。"诗人白居易将自己的创作灵感分门别类存在陶罐里，著名数学家苏步青把会前会后、饭前饭后的时间比喻为"零布头"并加以利用。每一个成功都包含着汗水和心血，都离不开深厚的积淀和不懈的努力。

尼采曾说："谁终将声震人间，必长久深自缄默。谁终将点燃闪电，必长久如云漂泊。"知识的学习是由易到难、循序渐进的过程，而人生目标也需要一步一步脚踏实地去实现。厚积方能薄发，沉潜才可飞跃；相比于天赋，深中人更相信日积月累、久久为功的力量。

亲爱的同学们，你们都是新校区开启的见证人，也是建设世界一流高中的担当者，未来还将成为实现中华民族伟大复兴的实干家。"青春须早为，岂能长少年。"希望你们继续发扬深中人"追求卓越、敢为人先"的精神，不负芳华岁月，尽显青春本色。

谢谢大家！

2020年9月7日

无悔青春，奋斗以成

——在 2021 届初三年级中考助推活动上的演讲

尊敬的各位老师、各位家长，亲爱的同学们：

大家下午好！

又到了"春风花草香"的季节，深中校园一派勃勃生机。今天，我们怀着喜悦的心情，在这里举行深圳中学 2021 届初三年级中考助推活动。

今年是中国共产党成立一百周年。百余年前，作为中国共产党创始人之一的李大钊这样激励青年："青年之文明，奋斗之文明也。与境遇奋斗、与时代奋斗、与经验奋斗。故青年者，人生之王、人生之春、人生之华也。"李大钊的一生，是为真理奋斗的伟大一生。借此机会，我以"无悔青春，奋斗以成"为主题，和大家谈几点想法。

第一，奋斗需要抱定宗旨。

"立志而圣则圣矣，立志而贤则贤矣。"高远的目标可以激发人的内驱力，帮助我们实现生命的价值和意义。小到此次中考希望取得什么样的名次，大到未来想要成为什么样的人，这都需要同学们从现在开始就有一个清晰的定位和明确的目标。1917 年，蔡元培就任北京大学校长发表演说时，对学生提出的第一点要求是"抱定宗旨"，即"大学者，研究高深学问者也"。对知识的渴望和对真理的追求，是古今中外仁人志士为改变国家、民族乃至世界一以贯之的坚守。

同学们，你们怎样，未来中国就怎样，未来世界就怎样——这是我在今年深中成人礼上讲的一句话，我也想把它送给你们。希望同学们树立"为改变中国、改变世界、改变人类做贡献"的远大志向，并在理想的指引下成就属于自己的伟大生命。

第二，奋斗需要驰而不息。

"自古圣贤，盛德大业，未有不由学而成者也。"成就理想绝不能坐而论道，关键要脚踏实地、不懈奋斗，努力掌握扎实学识和过硬本领。易卜生说："你的最大责任就是把你这块材料铸造成器。"把每件简单的事情做好，就是不简单；把每件平凡的事情做好，就是不平凡。中国有句老话："行百里者半九十"，意思是说：走一百里路，走了九十里才算是一半。学习如登山，越接近山顶越困难，越需要坚持，因为做到了量的累积才能实现质的飞跃。

同学们，距离中考仅剩两个月，这两个月就是在完成从量变到质变的过程，这个过程称为临界突破，质变的那一刻就是"临界点"，千万不要在临界点的前一秒选择放弃。

第三，奋斗需要勇于担当。

鲁迅说："无穷的远方，无数的人们，都与我有关。"一个人能肩负多大的使命，不仅取决于理想、眼界和能力，更取决于是否拥有敢于担当的精神境界。去年6月，在中印边境一场外军蓄意制造的冲突中，4名解放军官兵不幸牺牲，其中"00后"陈祥榕曾写下过八个字的战斗口号"清澈的爱，只为中国"，感动了无数人。大好河山寸步不让，他们就是祖国的界碑，在卫国戍边的一线，守卫着祖国的安全和人民的安宁。

同学们，作为祖国未来的建设者和接班人，你们要勇担时代使命，不负时代所托。当你把自己的"小我"融入人民和人类的"大我"之中，与祖国同步伐、与世界同命运，自己的人生也会精彩百倍，熠熠生辉。

　　6月下旬是中考的日子，同时也即将迎来建党一百周年华诞。时代前行，我们每个人都是见证者、开创者、建设者，无论能力高低，站稳自己的位置，扛起自身的责任，哪怕只是微光，也能烛照一方。2013年五四青年节，习近平总书记在同各界优秀青年代表座谈时说："只有进行了激情奋斗的青春，只有进行了顽强拼搏的青春，只有为人民作出了奉献的青春，才会留下充实、温暖、持久、无悔的青春回忆。"希望同学们以青春梦托起中国梦，只争朝夕，不负韶华，以奋斗精神作为压舱之石，以奋斗姿态扬起前行风帆！

　　最后，祝愿2021届初三年级全体同学心之所想、皆能如愿，不惧挑战、无负青春！

　　谢谢大家！

2021 年 4 月 11 日

惜菁菁芳华，书青春答卷

——在 2021—2022 学年第一学期初中部 开学典礼上的演讲

尊敬的各位老师，亲爱的同学们：

大家好！

"日月忽其不淹兮，春与秋其代序。"首先，欢迎 2021 级初一新同学加入深中大家庭。新学年，新起点，新征程。每每看到朝气蓬勃的你们，我就看到了青春的力量和希望。百余年前，李大钊先生在《青春》中写道："彼美之青春，念子之任重而道远也，子之内美而修能也。"同学们恰风华正茂，今天借此机会，我与你们聊聊青春，谈谈梦想。

逐梦青春，当心怀远方，立青衿之志。

"立志而贤，则贤矣；志不立，如无舵之舟，无衔之马。"我们常说"有志者事竟成"，但这绝不意味着立志就等同于成功。朱光潜先生在《谈立志》一文中说："'有志者事竟成'一句话也很容易发生误解，'志'字有几种意义：一是念头或愿望（wish），一是起一个动作时所存的目的（purpose），一是达到目的的决心（will，determination）……很显然的，要事之成，其难不在起念头，而在目的之认识与达到目的之决心。"立志而无坚韧的恒心，只能徒有空中楼阁。在今年的 USAP（美国学术五项全能）竞赛中，深中初中部 8 名同学虽仅以中国赛区团体第八的成绩晋级全球赛，但他们锲而不舍、稳扎稳打，最终取得全球团体总分第一。

同学们，"功崇惟志，业广惟勤"。初中三年是美好的人生花季，是奠基健全人格的关键时期，希望你们不忘初心，厚积薄发，用百折不回的坚韧和脚踏实地的努力来守望青衿之志。

逐梦青春，当厚德知礼，行君子之道。

子曰："不知礼，无以立也。"何为礼？礼就是礼仪、礼节，礼就是道德规范、规章制度。知礼，即讲文明，守礼仪，懂规范。当今时代，思潮涌动，相互冲击又彼此消解，致使无数人茫然无措、无所适从；而社会的运行、文明的延续，都迫切呼唤我们认清方向，认同规范。因此，"知礼""守礼"具有深刻的时代意义。当今社会所提倡的诚信、重诺、尊长、爱幼……无一不是在践行礼仪之邦的优良传统。身为一名初中生，尊师守纪、敬业乐群、厚德博学、弘毅笃行等，都是你们应该时刻铭记和遵守的行为准则。

同学们，"才者，德之资也；德者，才之帅也"。一个人的德行是他的价值底色，而德才兼备是始终统摄人生的价值主线。希望每一位深中人成为文明的守护者、传播者、践行者，在人生观、世界观、价值观形成的关键时期，做正直公道、平和待人的谦谦君子。

逐梦青春，当矢志不渝，担时代之责。

百年前，一艘从烟雨南湖缓缓驶出的红船，开启了中国共产党筚路蓝缕的百年征途。1921—2021 年，从石库门到天安门，从小小红船到巍巍巨轮，一百年前的红色火种，在革命、建设、改革的道路上已成燎原之势，照亮中华民族伟大复兴的光明前景。

同学们，我们见证了百年初心历久弥坚，我们坚信民族的未来定是星辰大海。2019 年 4 月 30 日，在纪念五四运动 100 周年大会上的讲话中，习近平总书记叮嘱中国青年："青年的人生目标会有不同，职业选择也有差异，但只有把自己的小我融入祖国的大我、人民的大我之中，与时代同步伐、与人民共命运，才能更好实现人生价值、升华人生境界。"希望你们用"山登绝顶我为峰"的姿态，踏上一往无前的奋斗征程，心有大我、至诚报国、勇担时代使命，把人生理想书写在祖国壮丽的山河大地，用漂亮答卷为时代贡献青春力量。

最后，祝同学们在新的学年里身心健康、学业进步，在青春的大江大河里砥砺奋发、一路高歌！

谢谢大家！

2021 年 9 月 1 日

3-13

少年何惧梦想远，彼方自有荣光在

——在 2021—2022 学年第二学期高中部
开学典礼上的演讲

尊敬的各位老师，亲爱的同学们：

大家下午好！

最美人间四月天，不负春光与时行。历经新冠病毒的反复考验，克服疫情期间的种种困难，我们今天这场"姗姗来迟"的相聚也因此显得尤为珍贵。欢迎亲爱的老师和同学重返校园，继续为梦想全力以赴，因荣光而意气风发。

半年以来，国内有两件大事备受瞩目。一是 2021 年 11 月召开的党的十九届六中全会。全会全面总结了党的百年奋斗重大成就和历史经验，深刻揭示了"过去我们为什么能够成功、未来我们怎样才能继续成功"，对于推动全党进一步统一思想、统一意志、统一行动，更加坚定自觉地践行初心使命，在新时代更好坚持和发展中国特色社会主义，具有重大现实意义和深远历史意义。

还有一件就是 2022 年 2 月举办的北京冬奥会。就在今天（2022 年 4 月 8 日）上午，北京冬奥会、冬残奥会总结表彰大会在人民大会堂隆重举行，习近平总书记出席大会并发表重要讲话。习近平总书记指出："伟大的事业孕育伟大的精神，伟大的精神推进伟大的事业。北京冬奥会、冬残奥会广大参与者珍惜伟大时代赋予的机遇，在冬奥申办、筹办、举办的过程中，共同创造了胸怀大局、自信开放、迎难而上、追求卓越、共创未来的北京冬奥精神。"

冬奥梦交汇中国梦，历经七年艰辛努力，北京携手张家口，书写着"绿色、共享、开放、廉洁"的时代华章。在这场举世瞩目的体育盛会上，优秀的中国运动员用自己的行动诠释着"伟大荣光源于最初梦想"的可贵真理——谷爱凌 13 岁时就定下了出战 2022 北京冬奥会的目标，苏翊鸣在小学三年级接受采访时就说要成为"单板王"，他们靠着发自内心的热爱和坚持不懈的努力，在 2022 北京冬奥会上突破自我、夺得冠军、实现梦想。人生没有唾手可得的成功，只有先踏出"敢梦"的第一步，再走出"肯做"的第二步，才有收获"荣光"的第三步。

少年何惧梦想远，彼方自有荣光在。在我们身边，也有很多同学在动情演绎着这首"成功三步曲"。2022 年 1 月，深中阿卡贝拉社和 ACES 校园电视台的同学为深中 75 周年校庆献上了一部暖心作品。早在 2016 年，阿卡贝拉社的学生们就种下了"改编校歌"的梦想种子，历经几届学生的梦想传递和笃行坚守，终于在 2022 年年初完成了一部情感真挚、画面温馨的全新版校歌 MV。我看了之后非常感动，立即安排学校官微发布。在这首歌里我不仅感受到深中学子浓浓的爱校情谊，也看到你们不囿于学习、关乎大爱的梦想和突破自我、敢于尝试的精神，这首歌很快得到了学习强国的转发。

"物有甘苦，尝之者识；道有夷险，履之者知。"谷爱凌在北京冬奥会上完成 1620 超高难度动作后说："做出成功的新动作之前，我也会害怕，但我更害怕不去尝试，害怕给自己设限。"北京冬奥会开幕前夕，习近平总书记曾深情寄语运动员："人生能有几回搏，拼搏是值得的。不经一番寒彻骨，怎得梅花扑鼻香？"冬奥会的赛场也深刻启示我们，拼搏是最美的人生状态。每一次拼搏，都意味着不轻言放弃，都是在为成就梦想蓄积力量。

干事创业无人不希冀成功的荣耀，拼尽全力虽不一定都能梦想成真，但成功背后必定是超过常人的艰辛努力。同学们，在前行的道路上，如果遇见深林，希望你们不要抱怨，要有将其劈成平地的气魄；如果遇见荒原，希望你们不要惆怅，要有春种秋收的豁达；如果遇见沙漠，希望你们不要绝望，要有掘井挖泉的勇气。困难是暂时的，前途是光明的，正如我们正在经历的这场疫情，或许它给我们带来了很多迷茫恐惧和身心俱疲，很多身不由己和扼腕叹息，但是只要我们坚定信心、保持定力，每个人都以己之力、尽己所能，我们一定能够从这场持久战中胜出。到那时，我们一定会迎来万物复苏、百花盛开的春天。

少年何惧梦想远，不给梦想设限，不给行动设限，只要敢想、肯做，只要勇于直面挑战、克服困难，彼方自有荣光在。

亲爱的同学们，梦想之所以美好，是因为它充满无限的遐想；荣光之所以伟大，是因为它饱含岁月的激情。2022年是深中建校75周年，我们用"梦想与荣光"为主题，来总结深中的奋斗历史，去勾勒深中的美好明天。携手逐梦，共享荣光。期待深中少年都能以实现中华民族伟大复兴的中国梦为己任，增强做中国人的志气、骨气、底气，不负时代，不负韶华，不负党和人民的殷切期望，创造无愧于人民，无愧于时代的璀璨人生。

谢谢大家！

2022 年 4 月 8 日

少年应有鸿鹄志，当骑骏马踏平川

——在 2022—2023 学年第一学期高中部开学典礼上的演讲

尊敬的各位老师，亲爱的同学们：

大家早上好！

首先，欢迎 2022 级全体高一新生和新入职的各位老师加入深中大家庭！2022 年是深圳中学建校 75 周年，今年纪念活动的主题是"梦想与荣光"。借此机会，我和同学们谈谈梦想，谈谈梦想的生根、发芽和成长，希望它们成为你们人生道路上的锦囊，帮助你们在收获荣光的旅途中勇往直前，一路领航。

梦想开始于对自我发现和自我认知的觉醒。

深圳中学是一座充满各种可能的校园，许多毕业的深中学子常会感慨：在深中，可以把中学读成大学。因为在这里，学习和考试并不是高中生活的全部；一百多个学生组织和社团，三百六十余门校本选修课，二十余个创新实验室和创新体验中心，十余项精彩纷呈的大型校园活动，给予了每个人发现和展示自己的机会。在这里，你可以尽情探索自己的兴趣和爱好，实现自由发展、充分发展、全面发展，寻找并实现独一无二的自我。

法国思想家蒙田说过，"灵魂如果没有确定的目标，它就会丧失自己"。深中有很多选择，但是有选择，就会有权衡；有选择，就会有得失。权衡的标准和得失的结果就来自你对自己清晰的了解和认知。希望同学们在一次次的选择中认清自己的方向，保持内心的坚定，专注走好自己的路。如哲学家布莱希特所言："世界上没有两片相同的叶子。"在深中这片茂盛的森林里，我期待着每一片自在起舞的叶子，以及由你们缔造的独一无二的春天。

梦想成长于对尽善尽美和精益求精的追求。

在过去的一年里，全校师生秉持着"追求卓越、敢为人先"的深中精神，不断挑战自我，刷新荣誉。2022 年，国内高考成绩创历史新高，物理类 20 人进入全省前 100，历史类 7 人进入全省前 100，47 名深中学子被清华、北大录取，72% 和 74.2% 的国内高考方向毕业生分别达到中山大学、华南理工录取线；2022 年 7 月 12 日，北京大学张继平院士亲自到深中为冯晨旭和彭也博同学颁发 2022 年北大第一封和第二封高考录取通知书。海外升学全国领先，普林斯顿大学、耶鲁大学、斯坦福大学等 U. S. News 全美前 10 的大学录取 13 人；常春藤大学录取 8 人；U. S. News 全美前 30 的大学录取 58 人，录取率 73%；U. S. News 全美前 50 的大学录取 79 人，录取率 100%；G5 精英大学录取 22 人。在 2021—2022 学年度全国数理化生四大学科竞赛中，80 人获全国一等奖，31 人入选省队，13 人获得金牌，6 人入选国家集训队，广东省第一；合唱团、民乐团、管乐团以及谢伟瀚同学的书法作品均获广东省第七届中小学生艺术

合唱团演唱《梦想与荣光》视频

舞蹈团表演《花木兰》视频

展演活动一等奖。这些成绩只是深中荣耀的一些代表，每天从校园走过，我见证着每一位深中人都从未停止努力拼搏，从未停止超越自我，我为你们每一个人感到骄傲！

"有匪君子，如琢如磨，如切如磋。"有梦想，更要有实现梦想的平台和锲而不舍的毅力。深中拥有先进的办学理念、一流的师资队伍、科学的课程结构、开放的校园文化、丰富的资源平台、典雅的校园环境，相信在这里潜心修炼、拼搏奋斗两三年后，你们每个人都可以为自己的高中三年书写一份满意的答卷。

梦想成就于对国家命运和时代责任的担当。

百年接续，复兴的责任赋予当代青年，光荣的使命属于当代青年。习近平总书记在党的十九大报告中指出："中华民族伟大复

兴的中国梦终将在一代代青年的接力奋斗中变为现实。"我很欣慰，在深中，我们从来不缺少这样关心国家时事，积极参与到社会发展进程中的学生。今年春天深圳疫情期间，不少同学都积极投身防疫志愿者的队伍，2022届的廖梓含同学还参与改编了粤语金曲《狮子山下》为深港同心抗疫歌曲。如今，我们正在经历着世界百年未有的大变局，如何在这个动荡不安的世界中找寻出路——这是你们这一代人肩上新的责任和使命。

少年强则国强，个人命运与国家命运休戚与共、息息相关。在时代的巨浪中，你们每一个人都可以成为一朵力争上游的浪花，以个人的努力托举起国家的巨轮扬帆远航。

亲爱的同学们，"少年应有鸿鹄志，当骑骏马踏平川"。今年是深圳中学建校75周年，75年来四万余名优秀的学子来到这里，又从这里走向世界，深中是他们梦想之路上的重要一环。我们深中人的梦想，是深圳的梦想，是中国的梦想，也是世界的梦想。面对迷雾重重的未来，希望你们犹如破土的新芽，绝不躺平、绝不由天，有一分热、发一分光，带着把握命运的倔强和坚定，一起穿越迷雾，搏击风浪于星辰大海的征途！

谢谢大家！

2022年9月19日

青春当立凌云志，胸有山河天地宽

——在 2023—2024 学年第一学期高中部
开学典礼上的演讲

尊敬的各位老师，亲爱的同学们：

大家上午好！

"年年后浪推前浪，江草江花处处鲜。"首先，我代表学校全体教职员工热烈欢迎各位新同学、新老师加入深中大家庭，祝贺大家开启人生新篇章。新学年如期而至，不知同学们是否还记得当初为什么选择深中，是否认真思考过来到深中要做些什么，离开深中时想要成为怎样的人。借此机会，我与大家分享几点对深中学子的期许。

第一，立志高远，与家国同在。

李大钊说："青年者，国家之魂。"青年正处于人生的起跑阶段，尽早立志，才能明确奔跑的方向，激发奋进的潜能。清华大学校长梅贻琦年轻时，在国家危难之际慷慨疾呼"求学不为国，求学何所用？"袁隆平院士自青年时代起，便将让中国人实现"禾下乘凉梦"作为毕生的追求……事实证明，青年只有立志为国求学，将个人理想融入国家和民族的历史主旋律中，与家国同在、与时代共进，才能拓展生命的广度和深度。

同学们，成为深中人无疑是一件值得骄傲的事情，但我更期待的是，当你们走出深中校园，走向更广阔的天地时，深中能够以你们为骄傲，祖国和人民能够因你们而自豪，世界能够因你们而更精彩。

第二，乐群贵和，与群星共耀。

"君子以文会友，以友辅仁。"君子以文章学问来会聚朋友，反过来又以朋友的帮助来提升自己的道德品质。来到深中，同学们有机会结识全市、全省乃至全国、全世界最优秀的同龄人是一件幸福的事情；这里的"同龄人"指的既有你们的同学，还有与你们年龄相仿的青年教师，他们毕业于世界一流学府，拥有扎实的专业基础和广阔的视野格局。希望大家珍惜与优秀者同行的机会，在见贤思齐、共同进步的同时，也要学会换位思考、互相包容、尊重多元、求同存异，相信你们一定会在深中收获真挚的友谊，并与朋友和老师共同创造美好的深中记忆。

同学们，优秀的个体与优秀的集体是相互成就的。你们正如一颗颗闪亮的星星，而每一颗星对深中而言都是不可或缺的，正是因为你们的汇聚，深中才能发出最耀眼的光芒。期待你们在成长的道路上不仅照亮自我，更要与群星共耀，照亮天地。

第三，厚积薄发，与勤奋为伴。

深中为同学们搭建了多元发展立交桥——国内高考、学科竞赛、海外升学、科创教育、艺体发展、劳动教育、社会实践……每一位同学都可以找到适合自己的赛道；深中为同学们提供了丰富的教育资源——三百六十余门校本选修课，一百多个学生社团，十余项大型活动，让校园处处皆课堂；深中有二十余个创新实验室和创新体验中心——清华、北大、华为、腾讯、大疆等著名高校和企业的优质资源汇聚于此，让同学们近距离体验和了解前沿科学技术，涵养学术素养和专业精神。深中为大家提供了尽可能丰富的空间和平台，但要切实取得进步，离不开同学们为之努力和拼搏。

钱穆先生曾说："古往今来有大成就者，诀窍无他，都是能人肯下笨劲。"每一位深中人都蕴藏着巨大的潜能，但只有肯下苦功夫、真功夫，潜能才会转化为真正的能量，希望深中学子砥砺自我，苦练本领，孜孜不倦，为未来积蓄力量。

第四，敢做表率，与卓越同行。

"追求卓越、敢为人先"是深中传承七十余年的精神传统，也是每一位深中人应当树立的座右铭。作为一名深中人，就要有不断超越自我的魄力，就要有做同龄人表率的胆识。

你们都是来自各个学校最优秀的同学，但是进入深中后，无论大家多努力，总有一半同学的考试分数会在中位数以下。同时，随着学业难度和竞争压力的增大，有时候会陷入迷茫，甚至怀疑自己。所以，面对困难，请你们一定要相信自己的潜力，以更加长远的视野观察、发现和提升自我，决心以明日之我超越今日之我。对于学问，请你们不仅要以敬畏之心面对课堂，更要以开放之心面对知识，不唯上、不唯书，不人云亦云，以批判性思维大胆质疑、小心求证，追求卓越、敢为人先。

亲爱的同学们，"青春当立凌云志，胸有山河天地宽"。愿所有深中人共同携手，风雨同舟，砥砺前行。今天，同学们在深中播下希望的种子，明天，相信你们会在中华大地巨木成林。

谢谢大家！

2023 年 9 月 4 日

反身而诚，乐莫大焉

——在 2023—2024 学年第二学期高中部开学典礼上的演讲

尊敬的各位老师，亲爱的同学们：

大家新年好！

日月其迈，岁律更新。农历新年的欢声笑语还在耳边回响，我们就带着亲朋好友的祝福、怀揣对新学期的憧憬回到了深中校园。回望过去一年，全体深中人精诚团结、砥砺前行，硕果累累——2023，一马当先。学校在高考成绩、国际升学、学科竞赛、科创竞赛、艺体教育、服务社会等方面均成效显著、亮点纷呈：3月，远程教育帮扶启动；7月，清华大学 2023 年首封本科生录取

远程教育帮扶

通知书花落深中；8 月，深中数理高中、深中光明科学城学校、深中大鹏学校顺利启航；12 月，学校入选北京大学"博雅人才共育基地（2024—2026）"四星级学校（为本轮最高星级），第二次荣登《"宜校"出国留学中学排行榜》全国第二。学科竞赛方面，数理化生信五大学科竞赛成绩创历史新高，全省第一，全国前列：113 人获全国一等奖，42 人入选省队，23 人获全国金牌，9 人入选国家集训队，2 人获国际金牌。值得一提的是，深中代表队第三次获中国国际"互联网＋"大学生创新创业大赛全国总决赛萌芽赛道金奖，竞技体育实现新突破——网球、羽毛球均获全国亚军。

北京大学博雅人才共育基地

过去一年的步伐，我们走得坚定有力，深中的每一位师生，都是学校的骄傲和自豪。在充满希望的新春伊始，我围绕"反身而诚，乐莫大焉"和大家谈几点感悟。"反身而诚，乐莫大焉"出自《孟子·尽心上》，中国古代哲学家认为"诚"代表着"心理合一"的至高之境，即达到真、善、美和谐统一之理想；人通过反思自省可以"求其放心"而至"诚"，即"反身而诚"，没有比这更快乐的事了。

反思，是智慧的起点。经过上学期的学习，同学们不论是刚刚进入体验多彩深中生活的高一年级，还是分科后精进学业的高二年级，抑或是集中备战高考的高三年级，一定经历过顺境的"如鱼得水"，也一定体验过逆境的"步履维艰"，但不论身处何境，我们都需要常常反思自省。

处于逆境，需要自省，就是通过不断反思审视遇到的问题，对症下药、解决问题，避免小过失发展成大麻烦。有时候，我们在困境中会陷入精神内耗，就是一种内向的、无意义的、恶性循环的心理消耗。举一个典型的例子，精神内耗就像在你的精神世界里有两个"小人儿"，一个"想卷又卷不动"，一个"想躺又躺不平"，他们总会吵得不可开交，不断相互拉扯。在这个过程中，你感到痛苦、焦虑、烦躁，你的心理资源一点点被消耗，做事也踌躇不前、优柔寡断，进而导致能力增长的停滞，从而引发更加严重的内耗，并陷入恶性循环。而反思自省是建设性的、螺旋上升的过程，通过反思，我们对自己所处的境遇进行全面理性分析，分析自身能力，列出优势和劣势；分析外部环境，列出机遇与挑战。例如，上学期的期末考试，很多同学的物理考得不理想，大家千万不要过度难过和自责，而是要在心情平复后冷静分析：一方面分析"外部环境"，这次试题出得过难是导致大部分同学没考好的一个重要因素，多年来我一直强调，老师一定要根据学生每个阶段的学情"因材施考"，把握好难度水平，但是出题这件事确实是"知易行难"，同时作为相对被动的应试者，大家也要做好应对将来各种考试的各种难度试题的心理准备和实力准备；另一方面，同学们要分析"自身能力"，同样一份试卷，肯定还是有同学考得比较好，自己和他们相比差距在哪里，是物理概念没有理解透彻，或者是物理定律没有掌握好，还是数学功力不够等，同时也要看到自己做得好的部分，一定不要妄自菲薄，不要自暴自弃。在遇到困难时，进行类似这样的全面分析，并在此基础上积极寻求解决方案，就能一步步实现自我完善、自我超越，从而变得更加强大，并进入自我驱动的"自来卷"良性循环。

　　处于顺境，更要时刻不忘反思。唐代杜荀鹤有一首名为《泾溪》的哲理诗，诗云："泾溪石险人兢慎，终岁不闻倾覆人。却是平流无石处，时时闻说有沉沦。"意思是说，人们在临近险滩时一般都会谨慎行驶，平安路过；而在水面平稳时，由于疏忽大意而常常"沉沦"。事实上，在看似的"顺境"中，矛盾的发展变化一刻也不会停息，正如波澜不惊的海面下也隐藏着很多暗礁险滩。对于个人来说，越是在身处顺境之时，越要保持谦虚谨慎、不骄不躁，不可头脑发热、自满疏忽。对于社会来讲，同样如此。法国社会学家皮埃尔·布迪厄说："我们得自于社会的许多偏见，常让我们对外界事物缺乏反思性认识。个人的社会认同、社会现实与学术法则等，均让我们在认识外在现象、事务上非常迟钝。"因此，我们只有不断自省，才能看透现象背后的本质，发现潜在的风险，及时封堵"千里之堤的蚁穴"，才能循序渐进，行稳致远。

　　亲爱的同学们，新的一年，新的起点。大家在新年一定又雄心勃勃地立下很多 flag，但目标的设定如果不是基于对过去的反思，对自己的省察，那么目标的实现大概率只能化为泡影。苏格拉底曾说："未经审视的人生，是不值得过的。"人们要想生活得有意义、有价值，就应该时常对自己的内心，以及自己生活在其中的世界和生活本身进行审视和思考。

时序更替，携梦前行，希望你们在新的学期坚持"吾日三省吾身"，"见贤思齐焉，见不贤而内自省也"，在逆境中不屈不挠，在顺境中居安思危，在反思自省中不断完善自我、超越自我，去实现属于我们每个人的"2024，凌云壮志"！

谢谢大家！

2024 年 2 月 20 日

龙腾四海，蓄力未来

——在 2023—2024 学年第二学期初中部 开学典礼上的演讲

尊敬的各位老师，亲爱的同学们：

大家新年好！

元春始风华，万象启新朝。

回首过去一年，深中人锐意进取，奋发有为：高考成绩遥遥领先，国际升学全国前列，学科竞赛再创辉煌，科创竞赛捷报频传，竞技体育实现突破，远程教育帮扶启动，深中数理高中、深中光明科学城学校、深中大鹏学校顺利启航……这些成绩的背后，无不凝聚着全体师生的心血和汗水，无不展示着深中人龙腾四海的胆识与气魄！

今年是甲辰龙年，龙是中华民族的吉祥图腾和精神象征，它具有刚健威武的雄姿、勇猛无畏的气概、福泽四海的情怀、强大无比的力量。新时代，龙的精神被赋予了新的内涵，集中体现在中华民族爱国奋进、和平友好、勤劳勇敢、自强不息的民族精神之中。站在龙年这一新的起跑线上，我与大家分享三点期许。

第一，蓄力未来，如潜龙在渊，需存大志。

所有向上生长的盛景，都离不开日复一日在黑暗中向下扎根的煎熬，也一定会遭遇风雨洗礼、冰雪覆盖。但是"志之所趋，无远弗届，穷山距海，不能限也"。一个有志向的人，没有不能到达的远方。哪怕是最险峻的山峰，最辽阔的大海，都不能阻挡他前行。

黑格尔说："一个民族要有一群仰望星空的人，这个民族才有希望。如果一个民族只关心脚下的事情，这个民族是没有未来的。"处于人生黄金时期的你们，要早立志、立大志、立长志，将至真至深的家国情怀植根于精神的沃土，把自己的小我融入祖国的大我、人民的大我之中，与时代同步伐、与人民共命运，更好地实现人生价值、升华人生境界。

第二，蓄力未来，如蛟龙得水，要有勇气。

"吾辈岂是池中物，一遇风云便化龙。"在中国古代神话中，神兽蛟龙潜游深海，顶住海浪的冲击，一旦天降甘霖，就能奋力高飞。青春有着大好的机遇，关键是要葆有勇气、抓住机遇、久久为功。

"追求卓越、敢为人先"是深中传承七十余年的精神传统，作为一名深中人，就要有不断超越自我的魄力，就要有做同龄人表率的胆识。初中部崭新的校园为同学们提供了宁静优美的学习环境和潜心读书的良好条件，这里有学识渊博的老师，拼搏进取的同学，多元丰富的社团，精彩纷呈的活动。希望大家珍惜在深中的宝贵时光，勇于克服困难，勇于挑战自我，勇于创新突破，求真学问，练真本领，不断超越，为遇水成龙、飞跃山海打下坚实基础。

第三，蓄力未来，如飞龙在天，定展宏图。

今天，我们身处一个伟大的时代，一个充满创新活力的时代，一个孕育无限希望的时代。作为新时代的少年，你们的明天充满无限可能。展望未来，万事皆可期待；播下理想的种子，走好脚下的每一步路。当前的你们正处于风华正茂的大好时光，要时刻保持对知识的渴望，对未知的好奇，要心无杂念、脚踏实地地投入学习中去。真理是前行的灯塔，只有不断学习、不断进步，我们才能无限接近真理之巅，才能抵达心中的远方。

老师们、同学们，甲辰龙年已经开启，新的一年，新的希望，新的机遇，新的挑战。希望大家以龙腾虎跃、鱼跃龙门的干劲和闯劲，开拓创新、拼搏奉献，在攀登知识高峰中追求卓越，在肩负时代重任时敢为人先，在勤奋实干中实现人生理想，将来为国家、为民族、为世界、为人类做贡献！

谢谢大家！

2024 年 2 月 20 日

追求有灵魂的卓越

——在 2024—2025 学年第一学期高中部开学典礼上的演讲

尊敬的各位老师，亲爱的同学们：

大家早上好！

学年伊始，阔别重逢，深中校园因你们的回归又充满朝气与活力。首先，我代表学校向各位新同学、新老师表示热烈的欢迎和诚挚的祝贺！深中是一个有温度、有深度、有情怀的大家庭，你们怀揣着梦想与荣光相聚于此，并将在这里携手共进，创造无限可能。再次欢迎所有新深中人的到来！

2024，凌云壮志。在刚刚过去的这个暑假，深中捷报频传、屡破纪录——清华、北大录取 64 人，绝大多数毕业生被国内外著名大学录取，全省遥遥领先；欧阳达晟同学获第 41 届全国信息学奥林匹克金牌并入选国家集训队，兰玉琪、熊梓娱同学获第 23 届中国女子数学奥林匹克金牌、分列全国第一和第十，曾昱翔同学获第 17 届国际天文与天体物理奥林匹克银牌、全国最好成绩，陈羽帆同学获 2024 年中国中学生网球联赛高中组男子单打冠军，陈羽帆、杨宇炫同学获 2024 年中国中学生网球联赛高中组男子双打季军，高家乐、周迦岚、李佳原同学分别获 2024 年中国中学生田径冠军赛甲组男子三级

中国中学生田径冠军赛全国冠、亚军采访视频

跳远冠军、甲组女子三级跳远亚军、乙组女子三级跳远季军，深中围棋队获 2024 年中国中学生围棋锦标赛高中组团体季军。

陈羽帆获 2024 年中国中学生网球联赛高中组男子单打冠军

深中的每一次突破、每一步发展都离不开全校师生的共同拼搏和不懈耕耘。借此机会，向辛勤付出、勤勉进取的全体深中人表示衷心的感谢。成绩属于过往，未来不可限量。新的学年，新的起点，预祝各位师生取得新的进步和新的收获。

毛泽东同志曾指出："人是要有一点精神的，无产阶级的革命精神就是由这里头出来的。"① 一所学校同样如此，学校应以精神为最上，有精神，则自成气象、自有风格。在大家的不懈努力下，深中逐渐形成了科学民主、开放包容、多元和谐、生动活泼的校园文化，而形成这种文化的背后是深中在学生管理方面一以贯之的理念：张弛有度，主动留白。

---

① 毛泽东.毛泽东文集：第七卷.北京：人民出版社，1999：162.

"留白"，是基于长期主义的视角，是尊重人性、尊重教育规律，为同学们的终身发展考虑，而不是短视地只考虑眼前的分数；"留白"，绝不是什么都不做，而是为同学们提供丰富的体验机会和发展平台，让大家在充分认识自己、了解自己的基础上进行科学选择，同时培养时间管理能力、学习能力，促进自我教育、自我管理和自我完善。

深中开设校本选修课 360 余门，涵盖哲学、经济学、法学、文学、历史学、理工、艺术等多个学科门类，本学期开设的课程包括"西方哲学入门""生活中的概率论与统计学""天文观测入门""乡村音乐中的语言和文化""中国古代法制史"等；还有别具特色的海内外著名学者开设的深中大讲堂和深中百余位博士开设的深中博士讲堂。这些课程均不指向高考，基本达到大学本科水平。学生可以依据个人志趣和专长进行自主选择，这是深中开展通识教育的核心途径。社团生活也是深中学子校园生活中非常重要的一个方面，目前学校在校注册社团 100 余个，均由学生依据兴趣爱好自主创建，同学们可以在丰富多彩的社团活动中培养领导力与团队协作、沟通与写作等关键能力，不仅可以联合志同道合的同学发展个人志趣，而且可以凝聚起一股力量关爱他人、关怀社会、关心世界。

林语堂在《人生的乐趣》中说："我们只有知道一个国家人民生活的乐趣，才会真正了解这个国家，正如我们只有知道一个人怎样利用闲暇时光，才会真正了解这个人一样。"而自主学习、社团生活、学生活动等，就是同学们在课余的主要生活，过好课余生活是有价值地度过高中生活的必要条件。

深中每周四下午三节课是选修课时间；每周一至周四 16：35 放学后，到 18：45 第一节晚自习之间的两个多小时，都可以用来进行社团、体育、艺术等活动。同学们要在这些充足的、可自由支配的时间里陶冶心性、强健体魄、发展志趣，学会平衡社团与学业，发挥有效学习时间的价值、提高效率达到事半功倍的效果，进而留出更多的可支配时间，从而实现良性循环，获得自律的能力，为一生的发展奠基。

2023年5月20日，在深中校园开放日上，刘一为同学的分享让我感触很深，他说："真正自律的人，才能获得真正的自由。我认为，正是这种自律带来的自由，成就了深中所独有的包容与开放。在深中，我们不会再把成绩当成唯一的评价标准，因为成为全面发展、综合能力突出的深中人才是我们努力的目标；我们不会再把学习局限于课本内，因为未来社会需要的是信念坚定、知识广泛、内心充盈的深中人。"

什么是教育？爱因斯坦说："教育就是把在学校学到的所有东西全部忘光了之后留下来的东西。"深中精神是"追求卓越、敢为人先"，我们追求的卓越一定是有灵魂的卓越。在我看来，深中学子通过三年的高中学习生活所收获的这种自律和远见，就是对"有灵魂的卓越"很有说服力的代言，这是深中教育中最宝贵的经验之一。

最后，祝愿同学们在新学期的学习生活中，主动留白、张弛有度，自律自由、收获成长；祝愿全体师生在深中的每一天都可以舒心工作，快乐学习，幸福生活。

谢谢大家！

2024年9月2日

博文约礼，淬己奋进

——在 2024—2025 学年第一学期初中部开学典礼上的演讲

尊敬的各位老师，亲爱的同学们：

大家下午好！

云天收夏色，木叶动秋声。今天，我们举行深圳中学初中部2024—2025 学年第一学期开学典礼。在此，我代表学校，向加入深中大家庭的初一新生和新入职教师表示热烈的欢迎。再过一周，我们就将迎来第 40 个教师节，请同学们以最热烈的掌声，向身边用心、用情、用爱陪伴我们成长的老师，提前致以节日的问候！

"少年负壮气，奋烈自有时。"在深中的校园里，同学们的青春篇章正悄然开启。这里不仅是你们少年时代的起点，更是为你们终身发展打下坚实基础的地方。如何找到心之所向、行之所往，淬炼出更好的自己？我有三点期待与同学们共勉。

第一，期待你们饱读诗书，练就善为本领。

胸藏文墨怀若谷，腹有诗书气自华。宝贵的学生时代，首先要读好有字之书，从书中学。深中初中部有馆藏丰富的图书馆，大家可以在这里与名家对话，习得真知，沉淀智慧，或就自己感兴趣的方向专深一门，或在学科交叉中融合发展，不断拓展人生的边界。

同学们，知识的获得，离不开逐梦前行的勇气，离不开攻坚克难的智慧。积少成多、循序渐进，方能在成长成才的道路上行稳致远。除了读好"有字之书"，你们还须读好"无字之书"——走出书本，走向广阔的天地，在实践中汲取智慧、提升能力。在刚刚过去的暑假里，初中部代表队参加第二届"中国蓝 AI 未来之星"VEX 机器人挑战赛全国邀请赛，获得最佳巧思奖；于汀和喻心淼同学积极参与国际基础科学大会"我为科学家画肖像"活动，增长见识、丰富体验，得到了丘成桐先生的赞扬；还有很多学生参加各种社会活动，主动承担社会责任……这些都有助于大家在实践中主动探究、开阔眼界、提升素质。

第二，期待你们恪守文明，涵养高尚品格。

《荀子·修身》有言："人无礼则不生，事无礼则不成，国无礼则不宁。"中国素有礼仪之邦的美称，温文尔雅、处事有节、容仪有整是中华儿女代代相传的美德。在校园里，主动向老师问好、与同学友好相处都是尊重敬爱、团结友善的表现。礼，不仅仅停留在表面形式上，它更是一种跨越时代的文化传承、潜移默化的道德熏陶、深入骨髓的情感认同。在日常生活的每一个细节里，它都能够体现出我们内在的修养和对他人的关怀。

同学们，希望你们从遵守校规校纪做起，讲文明、懂礼貌，不断修炼个人品格，共同营造优良风气，将文明之魂种于心间，让礼仪之花绽满校园。

第三，期待你们向上向善，厚植家国情怀。

深中关注的，不仅仅是知识的传授，更重视学生家国情怀的传承、社会责任的担当、国际视野的拓展。现就读于清华大学的 2022 届深中学子冯炜棋同学，在回忆自己六年的深中生活时说："享受学习，锻炼本领，热爱生活，实现自我。胸怀大局，熊熊如炬，照亮时代，温暖家国。"在刚刚过去的巴黎奥运会上，我国体育健儿们始终不忘为国争光的坚定初心。孙颖莎在采访中说："我觉得参加奥运会的初衷，第一是为国而战……胸前的国旗永远大于背后的姓名。"全红婵说："只要确保这块金牌是中国的，我们哪个人得了都等于自己也得了。"郑钦文的赛后发言更是感人至深："我的这块金牌献给伟大的祖国。"这些掷地有声的话语宣告了运动员们祖国至上、不负使命的赤子情怀。

同学们，让我们以他们为榜样，从现在开始，在日常的学习中践行"追求卓越、敢为人先"的深中精神，以奋斗的青春诠释对祖国的热爱。未来，更应把个人梦想汇入时代洪流，主动承担起建设祖国的重任，让蓬勃的生命与国家发展同频共振，让带着深中印记的人生更加绚烂夺目。

博文约礼，淬己奋进。亲爱的同学们，愿你们不断拓展心灵的广度与深度，与他人构建最有温度的联结，知书达理、盛德日新，收获这个时代专属于你们的梦想与荣光。

最后，祝福各位老师和同学新学期工作顺利，学习幸福，万事如意！

谢谢大家！

2024 年 9 月 2 日

第四辑

博观约取　厚积薄发

"长风破浪会有时，直挂云帆济沧海。"新时代的"考题"已经给出，同学们需要面对的不仅是眼前的每次考试，更是未来的职业规划，乃至祖国的前途命运。高三这一年的努力，不是单纯地指向最终的分数，而是为更长远的人生奠定素质基础。愿同学们在新赛道上认真"答题"，以不凡的大气磨炼心智，勉励自我，用知识武装自己，用智慧点亮人生。只有这样，我们方能披荆斩棘，在时代浪潮中乘风破浪，不仅抵达心中理想彼岸，更向成为国之大器进发，为祖国进步和世界发展贡献智慧。

2018，厚积薄发
——在2018届高三开学典礼上的演讲

尊敬的各位家长、老师们，亲爱的同学们：

大家好！

今天，我们相聚在一起举行2018届高三开学典礼，共同见证同学们的高三生活正式拉开帷幕。高三全体老师经过短暂的休整后重回三尺讲台，为了学生们的成长成才不辞劳苦、辛勤付出，你们是当之无愧的幕后英雄。今天，许多家长和亲友也冒着酷暑来到了现场，与孩子共同见证这一重要的时刻，你们的支持和陪伴是孩子们成长的坚实后盾。我也代表学校，感谢你们一直以来对深中的支持和信任。

今天，我演讲的题目是：2018，厚积薄发。

苏东坡有言："博观而约取，厚积而薄发。"

"2018，厚积薄发"——这是本届高三的主题，也是学校对这一届高三人的殷切期待。下面，我想与大家一同分享关于厚积薄发的三层含义。

它的第一层含义是：设定目标，志存高远。

同学们，每个人都有自己的梦想，上了高三，就意味着你们与梦想的距离更近了，是到了"乘骐骥以驰骋"的时候了。爱因斯坦说："在一个崇高的目标支持下，不停地工作，即使慢，也一定会获得成功。"高考是一场持久战，明确目标是成功的关键。

首先，要设立长期大目标，它可以是你理想的专业、心仪的大学，甚至是对未来的规划。正所谓"取法于上，仅得为中；取法于中，故其为下"，同学们志当存高远，胸怀社会担当，不负历史使命；其次，就是要结合自己的实力与潜力制定短期小目标，既要有挑战性、激励性，又不能好高骛远，最好控制在"跳一跳，摘桃子"的难度水平。另外，目标要具体到分配每一天的学习时间，使自己始终沿着平缓上升的趋势发展，不断进步。

美国哲学家爱默生说："一心向着自己目标前进的人，全世界都会给他让路。"把自己的梦想作为前进的方向和动力，方能将前行道路上的坡坎与荆棘化为坦途。

同学们，"千里之行，始于足下"。若想实现梦想，仅有目标远远不够，还需要具体计划和实际行动。这就是我要讲的第二层含义：脚踏实地，致知于行。

七年前，时任国务院总理温家宝在北京大学与学生共度五四青年节时，有学生蘸墨写下"仰望星空"的诗句来欢迎总理，总理则挥毫相和，写下"脚踏实地"四个大字回赠给学子们。

志在高峰，路在脚下。未来的一年里，你们不但要"仰望星空"，更要"脚踏实地"；要学会保持"空杯"的心态，不断充实自己、沉淀自己，不断夯实基础、提升自己。"求木之长者，必固其根本；欲流之远者，必浚其泉源。"意味深长的话语告诉了我们打好基础的重要性。有了"厚积"，方能"薄发"，没有量的积累何来质的飞跃？孔子韦编三绝、勾践卧薪尝胆，这都需要持之以恒、锲而不舍的坚持。

朱熹在《读书之要》中讲道："读书之法，在循序而渐进，熟读而精思。"高三的学习要能静得下心、沉得住气，一步一个脚印，做学问就要有做学问的气度和定力，绝不可浅尝辄止、一曝十寒。

同学们，上天总会眷顾那些志存高远，并脚踏实地为之付出努力的人。这就是厚积薄发的第三层含义：久久为功，天道酬勤。

今年高考，深中有 3 人进入广东省前十，10 人进入省理科前 50，25 人进入省理科前 200。共有 30 人被清华、北大录取，377 人被"985"工程高校录取，503 人被"211"工程高校录取，709 名考生中达中山大学录取线的有 362 人。深中之所以能够取得如此骄人的成绩，取决于一年来学校的科学管理、师生的刻苦努力以及各位家长的辛勤付出。持之以恒的奋发拼搏换来了 2017 年的"绝尘一骑"，同时也进一步印证了"久久为功，天道酬勤"的深刻道理。

同学们，你们要始终相信：精诚所至，金石为开。"古之立大事者，不唯有超世之才，亦必有坚忍不拔之志。"历史和现实告诉我们，从来就没有一蹴而就的成功，从来不会有一劳永逸的进步。

高三注定是一段艰苦卓绝的旅程，但它更是一场刻骨铭心的人生历练。我希望大家在未来的一年里，惜时如金地珍惜高三的每一天；但请记住，不是煎熬着度过，而是乐在其中、怡然自得，勤奋刻苦的同时，更要讲求方法和效率。

多年来的积淀、高三一年的辛苦，希望你们经过未来一年的"厚积"，能"薄发"出最美丽的青春。我相信，你们注定是展翅高飞、傲视南粤的大鹏，十个月后，待"六月之息"，你们一定会创造出"水击三千里、扶摇而上九万里"的壮举！

同学们，祝福你们！祝福在座所有同学的梦想在明年落地生花！

谢谢大家！

2017 年 8 月 6 日

2019，独占鳌头

——在 2019 届高三开学典礼上的演讲

亲爱的 2019 届高三的同学们、老师们：

大家下午好！

经过了"史上最短"的暑假，重回学校，来到新的校区、新的教室，你们又有了一个新的身份。作为高三的学生，你们开启了学校的新学年，也开启了自己人生的奋斗之年；作为高三的老师，你们不辞劳苦的辛勤付出让人感动，感谢你们！

2019，我对大家的期待是——独占鳌头。这个词本来指科举发榜之时立于鳌头的新科状元。状元每届只有一位，但尽己所能把事情做到极致的"状元精神"是每个人都应该有的。我希望你们每个人都能配得上这个词，这种"配得上"，不仅体现在一年后走出校门的那一刻，我更希望你们在未来人生的每一个重要阶段，都可以无悔地对自己说："我做到了！"

独占鳌头，需要你拥有伟大的梦想。

梦想，不同于幻想、妄想、空想，它来自实际，却又高于实际，它是更高远的理想。纵观历史上那些大有作为的人，都早早确立伟大的梦想，以梦为马，指引自己的具体行为。非此，很可能碌碌无为。

同学们，你们有自己的梦想吗？我希望这个梦想不仅仅是想考××大学，更是一个可以贯穿一生的方向——我要成为一个怎样的人。要成为怎样的人，就要有怎样的行为，有了这样的行为，就会有相应的结果。

你们的学长、2002届毕业生刘若鹏校友，很早就确立了自己的目标——"为人类的梦想而活着"。带着这样的梦想，他从深中到浙江大学，又从浙江大学到美国杜克大学。之后，他回到深圳创立了"让创新的基因自由生长"的光启研究院，短短几年时间就创造了几千项专利，使中国的超材料研究居于世界领先水平。虽然也在不断面对质疑，但刘若鹏从未放弃自己的梦想，他说："与其夸夸其谈地坐而论道，不如踏踏实实去做具体的事，在做的过程中寻找未来的路。"他的坚毅、果敢、专注、热忱，很大程度上源于自己的梦想。

光启创新体验中心

"居高声自远，非是藉秋风。"梦想本身不会发光，会发光的，是追梦过程中的你。

同学们，你们准备好了吗？

为了独占鳌头的梦想，你要有坚定的信心。

高三只有短短一年，或者说不到一年，只有十个月，短短三百天，它只占你高中生涯的三分之一，只占你全部基础教育生涯的十二分之一，但是，它却有着极重要的价值和意义。

高三是对各学科知识的系统复习和把握。

高三的复习不仅仅是在题海里浮沉，更不应该变成简单的重复训练，它是第一次对学科知识的系统复习，不仅是为了高考，更是对整个学科脉络的把握，是一种更高层次的学习。复习的过程就是打基础的过程，掌握学科的思维方法，把握学科的本质。如果把学科体系比喻成一片森林，那高三的复习就是在探究这座森林的路径，在探究的过程中，你可能会迷路，可能会走错路，此时不要焦躁、心急，要凭借坚定的信心，相信自己，一定飞到森林的上空，将整片森林了然于胸，高三的复习是未来专业学习的预演和准备。

高三是对勇气、毅力的考验和提升。

在高三，你会发现时间过得特别快，总是被源源不绝的测验和考试所包围。有考试就会有成绩排名的浮动，很少有人能永远保持成绩稳定和进步。面对成绩的波动，坚定走下去而不放弃的信念尤为重要。要相信，有难度，才有高度；有信心，就有奋斗；有行动，没有悬念。成功固然可喜，但失败流泪、愈挫愈勇也是同样难得的经验。

"自信人生二百年，会当水击三千里。"有信心，所以果敢，所以坚定，所以有勇气。

同学们，你们准备好了吗？

为了独占鳌头的梦想，你还要有不懈的行动。

诺贝尔化学奖得主阿龙·切哈诺沃博士做客深中大讲堂时，讲到一个令人印象深刻的例子：没有人能让打开的鸡蛋重新回到壳里，温度对鸡蛋的影响是不可逆的。他想说的是时间的不可逆性，但我想说，"行动"又何尝不是如此？再伟大的梦想，如果不行动，都只是空想，而一旦开始行动，就一定会有影响和改变。加缪说："一切伟大的行动或思想，都一定有一个微不足道的开始。"这个"开始"，就是行动。

"君子以行言。"具体的行动，会让你越来越清晰地发现自我，看到自己可能的高度，发现自己的潜能。

同学们，你们准备好了吗？

高三这一年，你将为人生中第一个重要目标而纯粹地奋斗，你将为完成青春的责任而坚韧地奋斗。在这样的奋斗中，你将不断提高对自我的期待，不断找寻理想中的自我，进而体会更深刻、更持久的快乐。这样的高三，一定会沉淀为你们人生中最美好的记忆，成为未来人生中的力量源泉。

同学们，你们准备好了吗？

2019，独占鳌头！希望你们从今天开始，享受奋斗，享受专注，享受深刻，享受高三。期待 2019 年的凤凰花开得更绚烂，祝福你们的梦想都能落地生花！

2018 年 8 月 5 日

2020，山登绝顶
——在 2020 届高三开学典礼上的演讲

尊敬的各位老师、各位家长，亲爱的同学们：

大家下午好！

结束了短暂的暑假，我们满怀期待地在此重聚。从现在开始，一个新的"梦想共同体"，将携手并肩，同心同德，向山顶进发。高三是同学们心无旁骛、奋力拼搏的一年，需要家长的配合，需要全体高三老师的辛勤陪伴，需要学校各相关部门的全力支持。在此，我代表学校，对你们表示最诚挚的祝福与衷心的感谢！

2020，我对大家的期待是——山登绝顶。

"海到无边天作岸，山登绝顶我为峰"，这是少年林则徐与老师登鼓山时所巧对之句。今天，我将这四个字赠予整装待发的高三学子们。希望你们能够在高三这一年，始终秉持矢志不渝的攀登精神，攻坚克难，无所畏惧。

山登绝顶，需心远志高，脚踏实地。

"会当凌绝顶，一览众山小。"成大事者，理应拥有开阔的视野和高远的格局。革命领袖毛泽东胸怀理想，带领红军跋涉两万五千里，"雄关漫道真如铁，而今迈步从头越"，完成长征壮举。只有树立远大的志向，牢固的信念，才能够方向明确，精神振奋，才能在迷茫困顿时，看到希望和曙光；在悲观绝望时，重拾前行的勇气和斗志。

同时，志存高远，必始于足下。在高三，我希望你们在追求远大理想的过程中，不要忽视眼前的小目标。想考取什么样的大学，想成就什么样的事业，想实现什么样的价值……无论你想要实现何种人生的终极目标，都需要从眼前做起，从小事做起，认真完成每一个阶段性目标，不断匡正自己的步调，走好高三的每一步。

山登绝顶，需惜时如金，勤勉笃行。

施一公院士做客深中大讲堂时，勉励青年学子："所有成功的科学家一定具有的共同点，就是他们必须付出大量的时间和心血。这是一条真理。实际上，无论社会上哪一种职业，要想成为本行业中的佼佼者，都必须付出比常人更多的时间。"

施一公院士做客深中大讲堂

高巅之行起于跬步，高一高二的学习，像是收集一批散乱的珠子，高三的学习则是串珠成线的过程，是将学科知识体系化的过程，同时深化对所学知识的理解，提高运用所学知识方法分析问题、解决问题的能力。这些，都需要你们学会高效学习和休息，时时清点自己的时间账户，时刻掌握自己的学习动向。具备奋斗的激情，并付诸积极的行动，才能抵达胜利的彼岸。

山登绝顶，需切磋琢磨，果敢勇毅。

高三的学习注定是一场艰苦的持久战，其间免不了要遇到一些磕磕绊绊和意想不到的突发情况，请大家时刻提醒自己，一时的失意甚或面临严重挫折都不可怕，坚信凡是不能打败你的终将使你更强大。屈原被迫流放创作《离骚》，司马迁忍受屈辱著成《史记》，范仲淹断齑画粥成就一代名相。你们的学姐，2018 届深中毕业生张若晨同学，之前在深中多次的考试中都是名列前茅，但是深二模突然跌到谷底，排在 100 名之后。遇到这样的挫折，她的情绪也受到了影响，知道这个情况后，我跟她分析考试失利的原因：是心理素质不够稳定，影响了临场发挥？是学习上有漏洞，刚好考到了薄弱点？还是学科时间分配不合理，影响了总分最大化？以此鼓励她重新振作，坚信自己高考一定能考出好成绩。在 2018 年的高考中，她不负众望，成为广东省高考屏蔽生，被北京大学录取。

栉风沐雨，春华秋实，无悔的高三必定是一段艰苦拼搏的征程，必定是一段刻骨铭心的人生历练。这些看似是成绩之外的东西，却足以让你受用终身。

同学们！"须知少时凌云志，曾许人间第一流"，愿你们以满腔的热情、饱满的精神、坚定的信心，不畏险隘，山登绝顶！

2019 年 7 月 30 日

2021，惟精惟一

——在 2021 届高三开学典礼上的演讲

尊敬的各位老师，亲爱的同学们：

大家下午好！

在每年的七、八月，全体高三师生都会早早回到校园，踏上这场高中时代最重要的征程，并会通过各自的努力，在这一年创造属于每一届的历史和辉煌。而你们这一届的高三尤为特别，就在大家即将启程的这一刻，我们的世界还处于新冠疫情的荫翳之中，没有人知道它何时才会彻底离开我们的生活。2021，充满未知，但注定不凡。那么，我们应该如何度过这非同寻常的一年呢？这也是今天我想和大家分享的主题——"2021，惟精惟一"。

惟精惟一，出自儒家经典《尚书》，原文是"惟精惟一，允执厥中"。这是圣人治天下的心法，也是个人立身行事的要诀。"惟精惟一"就是精纯专一，这是我对 2021 届全体高三同学的期待。

首先，高三备考要"惟精惟一"。高三是对大家学习能力和个人意志力的综合考验，无论是应对外部还是内部的挑战，都需要我们目标坚定、潜心笃志、专一力行，才不至于在备考的过程中经常感到迷茫与彷徨。我们会在高三将中学阶段的知识进行体系化梳理，从具体的知识点上升到更加系统的思维体系，这个过程是对每个学科更深层次的挖掘。惟有精纯专一，才能登顶高三。

再者，求学问道需要"惟精惟一"。在求学的道路上，要耐得住寂寞、静得下心、沉得住气，才能有所作为。文物学家樊锦诗

25 岁从都市北京来到西北小镇，远离繁华，潜心学术，与敦煌相守半个世纪，被称为"敦煌的女儿"。做学问当心无旁骛，切忌像猴子掰玉米，掰一路扔一路，到最后一无所得。许多大科学家毕其一生解决一个问题：陈景润在十分艰苦的条件下，将哥德巴赫猜想的证明推进到"1＋2"；张益唐历尽艰辛，经过三十多年的努力，在孪生素数猜想这一数论重大难题上取得重要突破，而在蜂拥而至的鲜花和掌声面前，他说："我的内心很平静。我不在乎金钱和荣誉，我喜欢静下心来做自己想做的事情。"惟有精纯专一，才能学有大成。

最后，人生境界更需要"惟精惟一"。高考只是一年的挑战，而人生是一场漫长的旅程。旅程之中，总有浮云蔽日、乱花迷眼，如果缺乏精纯专一之志，就容易随波逐流、有始无终，"泯然众人矣"。庄子说，"用志不分，乃凝于神。"苏轼说，"假以十年，何事不成？"做学问也好，干事业也罢，聚精会神做好自己热爱的事，方能如愿以偿，梦想成真。"惟精惟一"既是求索人生的方法，也是我们一生追求的境界。因此，我期待 2021 届的同学们通过高三一年的锤炼，养成精纯专一的习惯与品质。惟有精纯专一，才能不负人生。

亲爱的同学们，回望当今世界，中美关系动荡不安，地震洪灾频发不息，新冠疫情时而复起。在这个充满变化的世界里，唯一不变的是你自己，是你笃定的心志，专一的选择，不懈的努力；在一切的变化之中，秉承精纯专一的精神，我们才能在各种变化中安之若素，稳如泰山，也必然将春种秋收，满载而归！

2021，惟精惟一！衷心祝愿 2021 届全体高三师生乘风破浪，实现理想！

谢谢大家！

2020 年 8 月 9 日

4-5

2022，当执牛耳

——在 2022 届高三开学典礼上的演讲

尊敬的各位老师、各位家长，亲爱的同学们：

大家好！

辛丑过半，盛夏炎炎，在中国精神和中国力量的感召下，在 8 月火热的奥运激情感染下，我们自信满满、济济一堂。2022，执牛耳者必属你我！

2022，当执牛耳。《左传》有"诸侯盟，谁执牛耳"的记载，"执牛耳者"古意为"诸侯盟会之盟主"，后演变为"一世一地之英才领袖"。清代蒋同超诗云"当年牛耳执骚坛"，宋代刘克庄词云"撒我虎皮，让君牛耳，谁道两贤相厄哉"。2022 届高三，以"当执牛耳"为题，是愿诸位能够继往开来，以时不我待的精神，以舍我其谁的气魄，在劈波斩浪中开拓前进，在披荆斩棘中开辟天地，努力用青春和汗水创造属于自己和深中新的奇迹！

2022，当执理想之牛耳。正所谓"立志而圣则圣矣，立志而贤则贤矣"。被誉为"中国之光，亚洲荣耀"的田径运动员苏炳添在接受采访时说："我的目标其实一直都没有变过，我还是想成为东京奥运会，亚洲包括我们黄种人、中国人，第一个进入百米决赛的运动员。"明确而高远的目标总能最大限度地激发人的内驱力，东京奥运会上，苏炳添在半决赛中以 9 秒 83 的速度，成为小组第一名进入决赛，打破了百米亚洲纪录，成为首个站在奥运会男子 100 米决赛起跑线上的黄种人，这一重大突破让我们再一次看到，成功与胜利永远属于那些具有远大理想和勇于拼搏的人。希望各位高三同学在这实现人生理想的关键一年，明确目标、坚定信念，适应学习的快节奏、增强学习的紧迫感，如饥似渴、孜孜不倦，以真才实学迎接高考、以过硬本领实现人生理想。

　　2022，当执人生之牛耳。一代伟人毛泽东曾写下"问苍茫大地，谁主沉浮""数风流人物，还看今朝"的诗句。一个真正强大的人，不仅要在学业上强，更要做精神的强者，做自己人生的主宰者和开拓者；强大的精神，才是支撑你实现长远发展更为持久和更加深沉的力量。2022届，在高一的网课中打磨心性，在高二的新校区建设中锤炼修为，两年来以坚强的意志和卓越的风范共同应对重大挑战、克服重重阻力，展现了勇挑重担和勇克难关的担当精神。希望 2022 届的各位师生，能够继续保持这样的清风正气与蓬勃朝气，在具有"望尽天涯路"的追求之上，耐得住"昨夜西风凋碧树"的清冷和"独上高楼"的寂寞，最后达到"蓦然回首，灯火阑珊"的领悟。唯有如此，才能找到人生方向与生命真谛，才能实现人生价值、升华人生境界。

2022，当执时代之牛耳。"大鹏之动，非一羽之轻也；骐骥之速，非一足之力也。"只有把"小我"融入"大我"中，聆听时代、珍惜时代，与时代同步伐、与祖国共命运，在时代际遇中勇做领头者、奉献者，才能获得更有高度、更有境界、更有品位的人生。2022 届高三，成长于建党百年、全面小康的大好时期，即将迎来"苦心志、劳筋骨"的重要人生阶段，也必将面临"天将降大任于是人"的时代使命，希望你们保持"初生牛犊不怕虎、越是艰险越向前"的担当精神，把个人奋斗同民族命运结合在一起，决战高考，勇立潮头，让人生在奋力追逐理想中展现飒爽英姿，让青春在新时代的广阔天地肆意绽放。

最后，希望 2022 届高三全体师生上下同欲，风雨同舟，相互促进，乘势而上；积尺寸之功、用精微之力，谋定而后动、厚积而薄发；祝愿同学们"2022，当执牛耳，必执牛耳，我执牛耳"！

谢谢大家！

2021 年 8 月 6 日

2023，一马当先
——在 2023 届高三开学典礼上的演讲

尊敬的各位老师，亲爱的同学们：

大家下午好！

鲜衣怒马少年时，不负韶华行且知。欢迎 2023 届的同学们重返校园，鼓劲扬帆，在晒布岭的新赛道驰骋万里，一马当先！

2022，已执牛耳。2023，一马当先——这是我对大家的期待。自古以来，"马"在中国人的心目中，就是剽悍、勇猛、驯良、耐劳、忠实的象征，如金戈铁马、兵强马壮、老马识途、一马当先等。"一马当先"原指作战时策马冲锋在前，后来比喻在学习、工作中积极带头、奋勇争先，这和"追求卓越、敢为人先"的深中精神一脉相通、内蕴相连。

2023，一马当先。希望同学们驰骋远大志向之马，激扬万里望风尘。一个人要做出一番成就，就要有"一马当先"的雄心壮志。志向不明，方向未定，行动就会迟缓，发展就会受阻。面对未来的无限可能，希望同学们胸怀大志，腹有良谋，勇敢地接受人生第一次大考带来的挑战。辉煌的 2022 已成为过去式，更加光明的未来等待 2023 届的我们携手开创。

同学们，树立远大的志向，不仅是为实现个人价值确立方向，更是在百年未有之大变局中，立志为实现中华民族伟大复兴的中国梦贡献青春力量。期待你们以"敢教日月换新天"的气概、"乱云飞渡仍从容"的定力和"不破楼兰终不还"的决心，一步一个脚印，努力完成自己的使命与梦想。

2023，一马当先。希望同学们驰骋自律自省之马，成功在久不在速。在我们身边，有许多非常自律、善于反思的优秀同伴，他们胜不骄、败不馁，在挫折中修正锤炼，持续完善，实现自我。例如，现就读于北京大学元培学院的 2021 届毕业生袁梓晴同学，虽曾在八省联考中发挥失常，但她并没有气馁，而是冷静思考、厚积薄发，最后在 2021 年高考中位列文科全省前十。袁梓晴在学校公众号的"深中学子"栏目发表了一篇题为《一滴露水也来歌唱》的文章，她这样写道："我觉得我的高三像 $y = x^2$ 似的，当到达最小值点时，我甚至早有预料，因此拿到不太

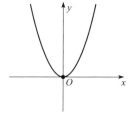

函数 $y = x^2$ 的图像

理想的成绩时也没什么意外。当压力和挫折成为日常，高三似乎也不必恐慌。我学着坦然接受、坦然面对，学着自我反省、自我改正，试着从紧张的生活中找出许多快乐。"

同学们，在追梦的道路上，一定会有重重阻力，但千万不要停止反省反思，不要停止精进自己。自律者得自由，勤奋者获成功。追求极致是强者的本能，不做则已，要做就做最好。

2023，一马当先。希望同学们驰骋自强不息之马，百舸争流看今朝。人生就是这样：有风有雨是常态，风雨兼程是状态，风雨无阻是心态。2023 届的你们，在 2020 年中考时奋楫争渡，在 2022 年网课时志坚自持，未来一年，也一样还会充满各种考验，相信你们一定可以继续凭借自强之心、不息之举，勤学奋进，久久为功。

同学们，大家明年要经历的高考，既是一张知识和能力的答卷，也是你们人生第一考的答卷。当然，人生不是只有高三，但

在高三滚石上山、爬坡过坎的过程中，你们能积蓄人生"千磨万击还坚劲"的韧性，砥砺"越是艰险越向前"的品格，以行动力坚定信心，用确定性战胜不确定。

"日月不肯迟，四时相催迫。"亲爱的同学们，站在今天向前看，也许你会觉得高三一年焦灼漫长，但明年的今天回头看，你一定会怀念这一年单纯的岁月和拼搏的时光，你一定会感慨这一年转瞬即逝但意义非凡。希望2023届高三全体师生把握当下的每分每秒，聚沙成塔，积水成渊，"以今日之我，胜昨日之我"，祝愿同学们在2023年一马当先，马到成功！

谢谢大家！

2022年8月7日

2024，凌云壮志
——在 2024 届高三开学典礼上的演讲

尊敬的各位老师、家长，亲爱的同学们：

大家下午好！

挥别泥岗，抵达晒布，祝贺 2024 届的同学们正式"解锁"高三美好生活。高三，是充满挑战且意义非凡的一年，是大家冲刺高考的关键时期，更是实现梦想的重要阶段。今天，我为 2024 届的你们送上一句话：2024，凌云壮志。

"凌云壮志"出自《汉书》，意思是志向高入云霄，形容理想宏伟远大，这是深圳中学 76 年发展之路的生动写照——秉承"追求卓越、敢为人先"的精神传统，深中紧随国家和深圳经济特区的前进步伐，2017 年提出"建设中国特色世界一流高中"，锐意开展教育教学改革，勇于探索拔尖创新人才早期培养……这是深中的凌云壮志，希望在座的每一位也要从此刻开始播下凌云壮志的种子，我相信经过未来一年勤勤恳恳的耕耘，这颗种子定能生根发芽，高耸入云，结出累累硕果。

2024，"凌"绝顶之巅，展现深中人之英气。

"会当凌绝顶，一览众山小"表达了大诗人杜甫不怕困难、敢于攀登绝顶、俯视一切的雄心壮志，同学们也应有这般豪情与气概。三年来，深中克服了大幅扩招带来的重重困难，奋发图强、不屈不挠，向社会交上一份满意答卷：2023 年，国内高考，全省第一；海外升学，全国前列；艺体教育，亮点纷呈；课程改革，成果显著——获国家级教学成果奖一等奖、二等奖各一项；学科竞赛，再创辉煌——7月，深中接连获得国际数学奥林匹克金牌、国际化学奥林匹克金牌、全国信息学奥赛三枚金牌，万众瞩目，可喜可贺。这些成绩的取得，是全体深中人共同努力的结果，也是深中不断追求卓越的体现。就像2023年的高考作文主题——"好的故事是有力量的"，好的成绩、好的经验，同样会带给我们源源不断的希望和冲上云霄的动力。新的学年，深中会继续努力，牢记使命，勇于担当，为培养更多可堪大任的栋梁之材作出贡献。

2024，扬梦之"云"帆，彰显深中人之大气。

"长风破浪会有时，直挂云帆济沧海。"新时代的"考题"已经给出，同学们需要面对的不仅是眼前的每次考试，更是未来的职业规划，乃至祖国的前途命运。高三这一年的努力，不是单纯地指向最终的分数，而是为更长远的人生奠定素质基础。愿同学们在新赛道上认真"答题"，以不凡的大气磨炼心智，勉励自我，用知识武装自己，用智慧点亮人生。只有这样，我们方能披荆斩棘，在时代浪潮中乘风破浪，不仅抵达心中理想彼岸，更向成为国之大器进发，为祖国进步和世界发展贡献智慧。

2024，少"壮"须努力，积蓄深中人之底气。

最强的底气，就是非凡的实力。高三一年，正是我们突飞猛进增长学识和才干的一年，我们将面临重要的学业考验和人生选择，需要付出更多的努力和汗水，需要我们拼尽全力积蓄底气。希望同学们从现在开始，踏实努力、奋发进取，把心中壮志化作每一天的点滴行动，设定并完成不同阶段的不同目标，只有一步一个脚印，我们才能一往无前，所向披靡。

2024，博学而笃"志"，涵养深中人之锐气。

"三军可夺帅也，匹夫不可夺志也。"锐气，是一种强烈的决心和勇气，是勇往直前的信念和气势。每年都会有同学对高三生活有所畏惧，或担心自己不够好而落后，或担心自己坚持不了而懈怠甚至躺平。压力很多时候是成功的催化剂，但更多时候我们需要以乐观的心态轻装上阵，不要背负太多，要以坚定的决心、笃定的恒心、必胜的信心迎接挑战。每一个人都可以凭借持之以恒的努力成为更好的自己。"锐气藏于胸，才气行于事。"古今中外，凡在学问上有所成就，无一不是心无旁骛、专注于学术的结果，浮躁和急功近利是研究学问之大敌。希望大家既要满怀豪情向未来，更要耐得住冷清和寂寞，踏实努力，细心钻研。

亲爱的同学们，"凌云壮志"既能视作一个词，也可以从四个维度拆分为更具体的要求，持续激励着2024届的深中人。今日你我擎云志，定许人间第一流。祝愿2024届的同学们在新的学年登高望远，脚踏实地，用深中人的英气、大气、底气和锐气，奋勇拼搏，超越自我，实现凌云壮志。

谢谢大家！

2023 年 8 月 6 日

2025，风鹏正举

——在 2025 届高三开学典礼上的演讲

尊敬的各位老师、亲爱的同学们：

大家上午好！

盛夏八月，同学们正式告别泥岗西路 1068 号，来到深中街 18 号，开启高三新学年。在新校区两年的学习生活中，你们一定畅想过无数次：晒布的高三生活是怎样的？我相信，在这处处烙印时代刻痕、年年夏季被火红凤凰花簇拥的晒布校区，你们一定会收获一段难忘、珍贵的高三回忆。

泥岗西路 1068 号

深中街 18 号

高三，是人生旅途中一段至关重要的征程。它不仅是积累知识的过程，更是对意志的磨砺，对梦想的追逐。在此，我为 2025 届的你们送上一句话：2025，风鹏正举。"风鹏正举"出自宋代词人李清照的《渔家傲》，这首词以天人问答隐寓对理想境界的追求和向往。易安居士在词中这样写道："闻天语，殷勤问我归何处""九万里风鹏正举。风休住，蓬舟吹取三山去。"希望你们也如同那振翅高飞的大鹏，不惧风雨，厚积薄发，在 2025 年的九万里长空一飞冲天。

2025，登顶远眺，涵养"不畏浮云遮望眼"之底气。

"九万里风鹏正举"，不仅形象地描绘了大鹏鸟乘风翱翔的壮阔景象，也是对深中精神"追求卓越、敢为人先"的生动写照。2017 年，我提出"建设中国特色世界一流高中，培养具有中华底蕴与国际视野的拔尖创新人才"。经过七年多努力，深中建成了世界一流的校园，汇聚一大批世界一流的教师，构建起多元系统的课程，学校的办学理念、办学文化以及办学目标广为人知、备受肯定，近些年更是在高考、竞赛、出国等方面取得全新突破，不断彰显深中在培养拔尖创新人才方面的卓越教育实力；尤其是2024年高考，深中64人被清华、北大录取，不仅突破学校历史最好成绩，而且在全省遥遥领先。在广东教育史上，从未有中学成绩如深中今日般辉煌，七年多的跨越式发展更是前所未有。

"不畏浮云遮望眼，自缘身在最高层。"同学们，对于2025届的你们来说，2024届的耀眼成绩是一面镜子，希望你们以学长学姐为榜样，勇于探索，敢于创新，用汗水浇灌希望，以勤奋续写辉煌。

2025，迎风启航，胸怀"扶摇直上九万里"之志气。

荣耀过往，只是序章。此刻，站在高三的起跑线上，唯有涵养"大鹏一日同风起，扶摇直上九万里"的志气，才能冲击长空，挥斥方遒。在2024年8月3日刚结束的巴黎奥运会网球女单金牌赛中，中国选手郑钦文夺得金牌，成为中国首位奥运网球单打冠军。她在采访中说："我从小就立志要为国家赢得一块奥运奖牌，今天我做到了，而且还是亚洲人从未拿到过的网球金牌……国家的荣誉永远是要超过个人的，所以当我能够打破历史，成为第一个拿到奥运会单打金牌的球员，我觉得所有以前的汗水和泪水，在那一刻都是值得的。"

"志不立，天下无可成之事。"同学们，无论是对于一年后的高考还是人生的长远规划，你们都一定要明确目标、坚定志向，在成功中保持谦逊，在压力下坚守梦想，在信仰中汲取奋进的力量。正如郑钦文奥运金牌的背后是她无数个日夜的艰辛训练，你们也要把高考目标的实现具体到每一天的学习和练习、每一次的考试训练，要用具体的行动和日常的积累，去铸就属于自己的精彩人生。

2025，上下求索，磨砺"咬定青山不放松"之韧性。

我国著名数学家华罗庚说："只有不畏攀登的采药者，只有不怕巨浪的弄潮儿，才能登上高峰采得仙草，深入水底觅得骊珠。"高三，恰似一座巍峨的高峰，等待着你们去攀登、去征服。在这条路上，或许会有悬崖峭壁，或许会有荆棘丛林，但请记住，正是这些艰难险阻，才铸就了登顶者的辉煌与荣耀。坚韧不拔的人往往是内心平和的人，你们千万不要被对未来生活的担忧绑架和裹挟，放任一种持续的自我否定，使自己逃避内心，消磨时间与快乐；要像那勇敢从容的采药者，怀揣勇气，不畏艰难，一步步坚实地向上攀登；要学会珍惜每一个日常瞬间，无论是早读时的那一缕阳光，还是晚自习时窗外的星辰，都提醒我们用心去感受学习的乐趣、情感的温暖和生活的美好。

同学们，高三虽苦，但苦中有乐；高三虽难，但难中有成。当你们最终站在山顶，手握仙草时；当你们潜入水底，手握骊珠时，那份成就与喜悦将是对你们所有努力与付出的最好回报。

2025，风鹏正举。最后，衷心祝愿每一位高三学子，以"不畏浮云遮望眼"之底气、"扶摇直上九万里"之志气、"咬定青山不放松"之韧性，去迎接未来一年的每一个困难、每一次挑战。愿你们在接下来的日子里，不仅收获优异的成绩，更收获成长与蜕变，成就更加辉煌的自我。

谢谢大家！

2024 年 8 月 6 日

第五辑

十八而志　学以成人

从今天起，你们的视野与胸怀所容纳的将不仅仅有"自我"，更将囊括"社会"与"家国"。成人成才并非仅仅是个人的追求，更是对社会的回馈。时代犹如潮水般汹涌澎湃，一切有理想、有抱负的读书人都应该立于时代潮头，立下"以身许国，以身报国"的志向，勇于担负起国家赋予的使命，为实现中华民族伟大复兴的中国梦而努力奋斗，为国家、为民族、为世界、为人类做出自己的贡献。

5-1

站在 18 岁的渡口
——在 2017 届高三成人礼上的演讲

尊敬的各位老师、家长，亲爱的同学们：

大家好！

今天是一个特别的日子，家长、老师相聚于此，为同学们举行 18 岁成人仪式，共同见证同学们迈进成年的大门。请允许我代表学校向全体高三同学致以热烈的祝贺，向为你们的成长付出大量心血的父母、老师表示衷心的感谢！今天我演讲的题目是"站在 18 岁的渡口"。

如果把人生比作一条河，18 岁无疑是一个具有里程碑意义的渡口。从这里出发，向波澜壮阔处扬帆，等待你们的将是无数种可能：可能是晴天丽日，也可能是骇浪惊涛；可能是一帆风顺，也可能是险象环生；可能是欣喜若狂，也可能是黯然伤神……无数的可能正是青年人特有的资本，它充满了机遇，提供了多样性的发展空间。当然，也带来了诸多挑战。因此，强健的体魄、青春的热血、丰富的学识、生存的智慧、责任与担当、勇气与拼搏等，都应是你们未来道路上必备的条件。

古代的成人礼，男子行冠礼，女子行笄礼。"男子二十，冠而字"，举行成年礼，要为每个成年人取字，这是成人礼的高级表达，因为它标志着一个人由懵懵懂懂的孩子，蜕变成为具有责任感和使命感的"成年人"了。今天，你们面对国旗庄严宣誓，也标志着你们享有宪法赋予的神圣的权利，并理应履行宪法规定的义务；标志着你们已经是具有完全行为能力的主体，必须为自己的行为承担责任。从今天起，你们不仅要在年龄上成人，而且要在思想上成人，更要从小我变成大我，从自然的我变成社会的我！

在先贤孔子看来，"成人"首先是"有知识的人"，即对社会有基本认知。一个人有了知识，只具备了"成人"的基本素质，还需要接受仁义礼乐教化，才能具备"成人"的德行。具备聪明才智、勇敢无畏、多才多艺的人，还不可谓之"成人"。只有见到财利想到道义，见到危难勇于担当，"穷且益坚，不坠青云之志"，这样的人方可谓之真正的"成人"。在这个日新月异的时代，先贤的成人观依然有着强大的生命力。"士不可不弘毅，任重而道远。"从这个意义上讲，成人是一种超越生命时间尺度的责任与担当。小而言之，是支撑家庭、延续种族；大而言之，则是道济天下、利国利民。这是民族的选择，亦是时代的召唤。2013年5月4日习近平总书记在同各界优秀青年代表座谈时指出："历史和现实都告诉我们，青年一代有理想、有担当，国家就有前途，民族就有希望，实现我们的发展目标就有源源不断的强大力量。"跨越"成人门"，你们将成为实现中国梦的未来的中坚力量，将肩负起振兴中华的神圣使命。中国的未来在你们的手中，你们怎样，中国便怎样！

过去的十八载岁月，你们与英才为伍，领跑群伦，追求卓越，从未止步。然而没有一个生命体能够自我成全，其中一定少不了父母、师长、朋辈的关爱、勉励与引导。中国向来有"以德报德"的传统，"学会感恩"是一个现代公民不可或缺的精神底色。感谢生活的赠予，感激他人的帮助，牢记父母和师长那些无私的付出、明达的教诲与温暖的陪伴，是一个成年人理应具有的温度与情怀。"谁言寸草心，报得三春晖"，感恩父母不需要惊天动地，只需要给父母多一点理解，多一点倾听，多一点关心；让父母少一点担忧，少一点辛劳，少一点无奈。父母的付出是无价的，他们需要的回报却是微薄的。

18岁，你们羽翼渐丰，慢慢地从父母的生命里剥离，去独自感受全新的生命体验，探求生命的价值与意义。面对未知，你或许充满好奇，然而你必须清醒地认识到，等待你的也许是坎坷的长途与精神的苦旅。即将走出中学校园的你们，将要失去一个身份——未成年人，也将随之失去许多的身份优势：办事可以优先、错误可以原谅、失败可以重来、生活无须自理、青春可以叛逆、时间可以挥霍……同时你们会得到一个新的身份——成年人，也会随之拥有更多的"独立""自由"。"独立"意味着与叛逆、懦弱、浮躁告别，与勇气、责任、担当携手同行。"自由"是美好的，但并不等同于无所拘束，它需要理性、规则、尊重来精心维护。身处熙来攘往的时代，你们要葆有精神的高贵，有所为，有所不为，才能安顿好这弥足珍贵的"独立"和"自由"。

18 岁，依然是一个敢于做梦的年龄。你可以有经天纬地的理想，成为下一个马化腾、陈一丹，为人类做出卓越贡献；你也可以追求平凡的梦想，成为好员工、好父母，有一个幸福美好的人生。无论你拥有怎样的梦想，我都希望你们深知"对未来的真正慷慨，是把一切献给现在"。我期待你们以更成熟的心智去建构梦想，更希望你能够脚踏实地，让每一个具体、明确的梦想因行动而高贵。圆梦高考，将是你 18 载岁月里最美的风景。如此真切而具体的梦想需要你们凭借精神、智能、体魄去实现。从现在起，厉兵秣马，鏖战最后 87 天，我期待你们圆满完成成年后的第一份人生答卷。

前不久，绿茵场上上演了巴萨绝境翻盘、惊天逆转的一幕。巴萨在首回合 0：4 落后的情况下，95 分钟绝杀，挺进八强。这让我想起里约奥运会上中国对巴西的女排 1/4 决赛。客场作战的中国女排同样不占任何优势，甚至很多人预测女排将止步四强。然而女排姑娘硬是迎难而上，拼尽全力，最终问鼎冠军。今天是 2017 年 3 月 12 日，距离高考还剩 87 天，你有没有问过自己："最后 87 天，我还能为自己做些什么？"历史的经验告诉你：坚持到底，全力以赴，下一秒，你创造了奇迹！

今天，你们成为共和国最年轻的公民。希望你们珍惜美好的年华，充实多彩的人生，安顿高贵的灵魂，实现崇高的理想，以梦为马、勇闯天涯！站在 18 岁的"渡口"，我相信，你们，准备好了！

再次感谢全体老师的辛勤耕耘，感谢家长的辛苦付出！

最后预祝同学们高考取得圆满成功，做最好的自己，考上自己向往的大学！

2017 年 3 月 12 日

5-2

走好人生路，高唱正气歌

——在 2018 届高三成人礼上的演讲

尊敬的各位老师、各位家长，亲爱的同学们：

大家好！

今天，我们欢聚一堂，举行深圳中学 2018 届学生 18 岁成人仪式。在这重要而庄严的时刻，我谨代表学校向即将跨入成人行列的全体高三同学致以最热烈的祝贺！同时，我也提议，大家用最诚挚的掌声，向辛勤养育你们的父母，关爱支持你们的老师表达最衷心的感谢和最崇高的敬意！

人生是一条漫长的路，18 岁成人是这段旅程中一个重要的"里程碑"。成年之后，你们将享有宪法赋予的权利，履行宪法规定的义务，并担负起国家和社会赋予你们的使命，为实现伟大的中国梦奉献自己的一份力量。中国梦是民族的梦，也是我们每一个人的梦，我们每个人的幸福都寓于国家的幸福和世界的和谐之中。站在 18 岁这个新的起点上，希望即将步入一生关键阶段的你们，走好人生路、高唱正气歌，早日成为中国梦的忠实实践者和人类命运共同体的积极参与者。

走好人生路首先要树立正确的人生观，以大爱奠定人生底色。

"恻隐之心，仁之端也；羞恶之心，义之端也；辞让之心，礼之端也；是非之心，智之端也。"在社会这个大熔炉里，你会看到它的丰富多彩，也会发现它的不尽如人意，只要树立正确的世界观、人生观、价值观，掌握了这把总钥匙，再来看社会万象、人生历程，自然能做出正确的判断和选择。

七十多年来，从深中走出的很多优秀学子成为特区乃至国家建设和发展的栋梁，相信你们也可以凭借自身的资质和努力成为各个领域的佼佼者。正因如此，我才更希望大家能够充分利用个人的优势，有一分光、发一分热，坚守底线、稳重自持，"勿以善小而不为、勿以恶小而为之"，将善意的火种播撒到更多的地方，尊重生命、尊重自然、尊重他人，关爱家人和同伴，同情和扶助弱者，成为最好的自己！

走好人生路要敢于担当时代重任，用行动见证无悔青春。

成人不仅意味着长大，还意味着责任。希望同学们首先能承担起对自己的责任，为自己的选择负责；同时，18 岁的你们要开始自觉肩负起对家庭、对社会的责任。不管你们未来有多远大的目标、追求什么样的梦想，都不要忘了自己当时为什么出发，更不要放弃对责任、良知和道德的坚守。

习近平总书记在给北京大学援鄂医疗队全体"90 后"党员的回信中说，"青年一代有理想、有本领、有担当，国家就有前途，民族就有希望"。个人的前途取决于国家的前途，个人的幸福寓于国家的富强和人民的幸福之中。希望大家能够胸怀天下，志存高远，用"追求卓越"的态度和"敢为人先"的气魄，担当起这个时代赋予你们的重任，在深中精神的指引下，用行动书写自己的无悔青春。

走好人生路还要坚守自己的梦想，努力实现人生价值。

"天生我材必有用"，如何结合社会期望和个人追求，正确认识自己，最大限度地实现个人价值，是每一个成人必须要审慎思考的问题。这是一个兴旺发达、日新月异的伟大时代。同样，这个时代也会存在一些空虚浮躁、精神颓废、是非难辨的现象。如何确定自己的人生坐标，在成长的焦虑中获得生命的踏实感，是我们每一个人都需要修炼的内功。

我的建议是：想大问题，做小事情！让大问题为我们指引方向，让小事情支撑我们向前。作为风华正茂的青年，要有书生意气、指点江山的大情怀，也要有弯下腰来做小事、做实事的精神。作为高三学生，你的人生梦想应该日渐清晰，而梦的实现必须依靠每天的专注学习，依靠一步一个脚印的落实，依靠点点滴滴的打磨，才能让梦想照进现实，才能不让"自我实现"成为一句空话。

同学们，再过两个多月，你们将迎来成人后的第一次大考，胜败的标准不只是分数高低和战胜了多少对手，更在于你自己是否全力以赴，是否战胜了枯燥、压力和疲倦。高三是人生的一个特殊阶段，是为未来之路打好基础的重要一环，它需要坚强的意志、精细的思维、良好的心态、科学的布局来备战高考，是从多方面锻炼我们的重要平台。所以，你们要抓住机会，胜不骄、败不馁，全力以赴，用最佳的状态迎接第一次人生大考！

同学们，你们能够走到今天，是你们不懈努力的结果，但更离不开父母的全程关怀、老师的无私教诲。希望你们始终心怀感恩，用行动感谢含辛茹苦将你养大的父母，为你的成长保驾护航的师长以及陪你切磋琢磨、携手共进的同伴。

人间三月芳菲始，拼搏努力正当时。希望你们牢记今天的誓言，把今天的成人仪式作为人生的新里程，牢记责任、心存感恩、传递大爱、弘扬正气，以饱满的热情、昂扬的斗志和拼搏的精神去发奋学习、快乐生活，相信你们一定能够破浪乘风，笑到最后。

再次感谢全体老师的辛勤耕耘，感谢家长的辛苦付出！

最后，预祝同学们高考取得圆满成功！

谢谢大家！

2018 年 3 月 18 日

18岁，请为人生涂上"奋斗"的底色

——在2019届高三成人礼上的演讲

尊敬的各位老师、家长，亲爱的同学们：

大家好！

草长莺飞，惠风和畅。在今天这个特殊的日子，我们欢聚一堂，为2019届同学举行18岁成人礼。在此，我代表学校向全体高三同学致以热烈的祝贺，向为你们的成长无私奉献的父母、老师表示衷心的感谢！

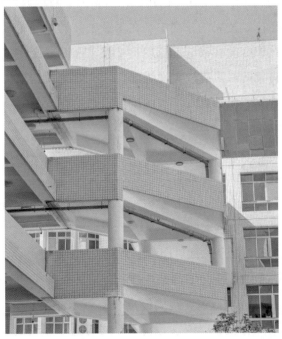

在 2018 年成人礼上，我给同学们的寄语是"走好人生路，高唱正气歌"，希望每位深中人都能"想大问题，做小事情！让大问题为我们指引方向，让小事情支撑我们向前。坚守自己的梦想，努力实现人生价值"。理想的实现要靠自己努力拼搏和不懈奋斗。"奋斗"，就是我今天要讲的关键词。

同学们，"幸福都是奋斗出来的"，奋斗的青春才有未来。在你们世界观、人生观、价值观形成的关键时期，请把"奋斗"这个词郑重地写在你的心里，请为你的人生涂上"奋斗"的底色。

第一，奋斗让你发现自己更多潜能。

在高三开学之初，我说过，我对 2019 届同学的期待是"独占鳌头"，想要这个目标成为现实的唯一途径，就是奋斗。在奋斗中，你对未来的期待逐渐清晰，"理想"对于你不再是一个空洞的口号，而变成一个实实在在的目标，引领你不断接近，不断超越。高三的生活已经过完三分之二，在紧锣密鼓的第一轮复习中，你对各科的知识有没有系统地梳理和掌握，进而形成完整的知识结构？你对自我的认识有没有发生变化，有没有找到未来想要终身学习和努力的方向？点点滴滴的改变，都是在持续不断的奋斗中慢慢发生的。

"操千曲而后晓声，观千剑而后识器。"在不懈的奋斗中，你发现了自我的潜能，发现自己可能的高度，因而树立更高远的目标，你甚至会对自己刮目相看——原来，我还可以做到这样，我也能够迸发出如此强大的能量！

第二，奋斗赋予你战胜困难的力量。

如果说高中三年的学习是一次长跑，那么同学们，你们现在已经跑过最后一个弯道，距离终点仅有百米之遥。高三的生活，总会辛苦，常有疲惫，但这是每一个奋斗者都不可避免的经历，也是每一个高三学子最熟悉的感受。

"风雨不改凌云志，振衣濯足展襟怀。"疲惫时，心中要想着自己远大的理想，更要专注于脚下的每一次行动。用专注当下的奋斗来平衡你的长期目标和短期目标，既不会过于兴奋，以至于透支热情；也不会过于低落，以至于失去斗志。选择未来，脚踏实地，这是奋斗者的姿态。高三这样走，一生也要这样走。

第三，奋斗本身就是一种幸福体验。

奋斗不只是取得幸福的手段，它本身也是一个幸福的过程。无所事事地平庸度日，才是对生命最不可原谅的浪费，是对"幸福"最根本的逃离。

"发愤忘食，乐以忘忧，不知老之将至。"对于每一位青春正当时的你们来说，"幸福"决不应是安逸和享乐，而是在不断超越中获得成就感和价值感。

同学们，奋斗本身就是幸福，它不只是一种行动，更是一种精神状态、一种人生态度，只要有为理想狂奔的热情，为梦想奋斗的行动，不管是 38 岁、58 岁还是 78 岁，都永远像 18 岁一样，拥有青春的梦想、奋斗的激情。期待 3 个月后，听到你们金榜题名的捷报；更期待未来，听到你们不断超越的人生传奇！

再次感谢全体老师的辛勤耕耘，感谢家长的辛苦付出！

最后，预祝同学们高考取得圆满成功！

谢谢大家！

2019 年 3 月 10 日

不惧挑战，超越自我

——在 2020 届高三成人礼上的演讲

尊敬的各位老师，亲爱的同学们：

大家好！

今天是属于在场每位同学的节日，我们在五四青年节这一天，举行 2020 届成人礼。人生中第一次大考遇上全球疫情的考验，在这段时间里，你们一定对当下和未来有了新的思考和认识，这段经历也一定会成为你们一生中的难忘回忆。

这次疫情教会了我们什么呢？我有三点感想：

第一，它让我们坚定民族自信并学会悲悯善良。 重大事件的发生，常常能直接体现国民的整体素质。全国人民的共情力与自制力、忍耐力与行动力，向世界证明了中国人的高素质，也让所有的同胞更加自信自强。同时，世界各地在我们最艰难的抗疫初期，纷纷向我们伸出援手，现在我们投桃报李，向世界上近百个国家支援珍贵的医疗物资和宝贵的中国经验。"山川异域，风月同天。"面对共同的敌人，我们展现了天下一家的宽广格局。

第二，它让我们探索无限可能并树立崇高理想。 经此一役，相信很多同学已经在思考未来要成为一个什么样的人，从事什么样的事业；愿你们在探索中发现自己的无限可能，愿伟大的目标引领你们坚实的行动。无论将来你们选择什么专业，从事什么职业，希望你们始终秉承朴素的"为人民服务"的信念，让青春的绚丽之花为祖国和人民绽放。

第三，它让我们传承榜样力量并强化责任担当。铁肩担道义的钟南山、李兰娟院士们，不仅是中国脊梁，也是世界希望；从一线归来的抗疫战士，收获了全国人民最崇高的敬意和最真诚的感激。他们中不乏"90后""00后"，他们不惧挑战、冲锋在前，勇斗风险、勇克难关，彰显了青春的蓬勃力量和新时代青年的责任担当。

同学们，在18岁这个特殊的时刻，在"五四"这一特殊节点，你们更要以英雄为榜样，立下报国志向；当时代的接力棒交到你们手中，希望同学们无畏地扛起这份责任，展现你们的担当。

而眼下，在关键的高三冲刺阶段，同学们应该怎么做呢？我有三点希望：

第一，放平心态。杨绛先生有这样一段话："无论人生上到哪一层台阶，阶下有人在仰望你，阶上亦有人在俯视你。你抬头自卑，低头自得，唯有平视，才能看见真实的自己。"先生对待人生的心态同样适用于大家当下的学习状态，即便在高三冲刺这样的高压环境下，希望你们不要迷失自己，积极找准位置，设定合理目标，不断精进努力。

第二，珍惜当下。"对未来真正的慷慨，是把一切献给现在。"现在距离高考还有最后 60 天，60 天虽短，但仍大有可为。希望同学们惜时如金，一步一个脚印，让每一天都有实实在在的进步，让每一天都能跨上新的台阶。

第三，坚持到底。在去年 8 月的高三开学典礼上，我向你们提出过我的期望——"2020，山登绝顶"。学习如同登山，攀登的过程绝不会一帆风顺，但坚持就是胜利，没有"千岩万转路不定"的迷茫落寞，哪能看到"落木千山天远大"的壮观风景。

亲爱的同学们，唯有不惧挑战，方能超越自我。待到攀登到绝顶时，相信你们看到的，定将是最美的星辰大海。

最后，祝福同学们高考圆满成功，不断努力实现人生理想；用奋斗谱写青春华章，用实干成就美好未来！

谢谢大家！

2020 年 5 月 4 日

十八而志，学以成人

——在 2021 届高三成人礼上的演讲

尊敬的各位老师、各位家长，亲爱的同学们：

大家下午好！

今天我们欢聚一堂，为 2021 届同学举行十八岁成人礼。我代表学校向你们表示热烈的祝贺，向为你们的成长无私奉献的各位家长和老师表示衷心的感谢！

十八而志，学以成人。在成年之际，同学们也许都会畅想，自己将要成为什么样的人，未来的人生路将会遇到怎样的风景。

学以成人，是博学慎思，培养独立人格的过程。

在古代，男子二十岁举行冠礼，女子十五岁举行笄礼，庆祝他们成年。成人礼之后，他们开始拥有更多的独立性。现在，十八岁成年后，个人需要独立承担法律责任，履行法定义务。虽然时代不同，含义有别，但成年都意味着成长与独立。清华大学最高荣誉"突出贡献奖"获得者、著名物理学家朱邦芬院士在做客深中大讲堂时曾引用爱因斯坦的话："大多数人说，是才智造就了伟大的科学家。他们错了，是人格。"朱院士以此寄望深中学子成才需先成人。

独立，不仅是简单地摆脱父母的约束，一定程度上实现经济的独立；更重要的是，如陈寅恪先生所言："独立之精神，自由之思想"。当今世界，信息过载、思想纷繁，拥有独立思考的能力显得尤为重要。只有博学慎思，明辨笃行，不人云亦云，不亦步亦趋，才能处变不惊、从容不迫。

学以成人，是不畏艰难，不断超越自我的过程。

在高三备考的这八个月里，你们一定收获了许多鲜花与掌声，也遇到过挫折与困惑。希望同学们在顺境中不骄傲，在逆境中不沮丧，让顺境、逆境都成为自己的人生财富。北宋张载曾说："贫贱忧戚，庸玉汝于成也。"人生往往只有经历磨炼，才能实现自我。叶嘉莹先生转蓬万里，情牵华夏，续易安灯火，得唐宋薪传，继静安绝学，贯中西文脉，终成诗词大家；张桂梅校长在苦难中逆行，在逆境中坚守，创立华坪女高，用爱心和智慧托起大山的希望，以怒放的生命向世界表达坚强。她们都是"感动中国 2020 年度人物"，她们都在克服困难的过程中超越自我，实现人生价值。

我们的教学楼走廊有这样一句语录：真正的高贵不是优于别

人，而是优于过去的自己。如何优于过去的自己？那便是不畏艰难，不惧挑战，突破自我。希望你们直面未来人生中的艰难与挑战，愈挫愈勇，愈挫愈强。

学以成人，是心怀家国，追寻远大理想的过程。

"00 后"的你们成长在国家繁荣昌盛的新时代，你们的人生充盈着各种选择，但是同学们在未来大胆逐梦的同时，也要时刻牢记：你们的人生梦想绝不应仅仅关乎于个人，今日之中国是一代又一代先辈用牺牲与奉献所造就，而一代人有一代人的责任与担当，时代的接力棒也终将会交到你们手中。

同学们，国家和民族，乃至世界和人类的福祉与进步需要当代青年勇担重任，希望你们以包容的胸怀贡献非凡中国智慧，以崇高的理想建设和谐人类家园。你们要坚信，你们怎样，未来中国就怎样，未来世界就怎样。

同学们，高考现在到了冲刺的关键时刻，希望你们在接下来的复习备考中更静心、更细心、更耐心，不畏艰难，超越自我，打好人生底色。

最后，我和大家分享一则喜讯：2021 年清华大学丘成桐数学英才班与新领军计划发布入选通知，深中 7 名学子被清华大学录取，录取人数全国第一。我相信，在各位老师和家长的关心与陪伴下，2021 届深中全体高三同学，定会在未来的 60 多天，越过重重困难，保持必胜信念，乘风破浪，梦想成真！

谢谢大家！

2021 年 4 月 3 日

5-6

"成人"是美意，也是修行

——在 2022 届成人礼上的演讲

尊敬的各位老师、家长，亲爱的同学们：

大家好！

刚刚过去的 5 月 5 日，是二十四节气中的立夏，它标志着盛夏时节的开始，也是万物进入旺季生长的开端。今天，我们相聚在这里，为了这斗指东南、万物生长的时节，更为这书剑飘香、英才初成的仪礼。

2022 届的同学们，今天是你们的十八岁成人礼，我代表学校向你们表示热烈的祝贺，祝贺你们信心满怀、昂首阔步迈入人生的新阶段。同时，也要向各位家长和老师表示衷心的感谢，感谢你们无私奉献、蜡炬成灰，点亮青春的成长路！

在中国文化中，成人礼始于西周。古时，男子二十加冠，女子十五及笄，年轻的人们在繁复的礼仪中完成身份的转变。尽管岁月流转、礼俗变迁，但我们的文化内核千古流传，"成人"的重大意义始终如一。

那么，"成人"对各位来说意味着什么呢？首先，它是一份来自时光的"美意"。

奋进者说，"成人"便是"能量"。"不以日出为始，不因月升而终"，你的眼神将更加坚定，你的耳朵将更加聪敏，你的智慧将随着阅历而长进，你的青春将更加熊熊如炬。

梦想家说，"成人"更是"梦想"。年轻的你们，身处迷茫困顿的黑暗时，依然能看到天上的星星；身心疲倦伏在桌案时，依然能梦见无尽的未来。尽管你尚不清楚世界将会怎样，但在十八岁的新起点上，请以一颗热烈的心奔驰，奔向你的梦想，奔向你的心之所向！

同学们，十八岁的你有能量、有梦想，有令人羡慕的一切。但"成人"的意义远不止一份时光的"美意"，它更是一场人生的"修行"，是"立大志、明大德、成大才、担大任"的修行。

在古代，成人礼有"弃尔幼志，顺尔成德"的祝词，意思是"丢掉你的童稚之心，涵养成人之德"；也有"敬尔威仪，淑慎尔德"之语，说的是"要端正你的行为，也要修炼内在的品德"。

同学们，"成人"带给你能量与梦想，更带给你责任与使命。过去短短的几年间，你们无不经历了新冠疫情的反复无常、居家学习的精神磨炼、世界局势的变幻莫测，每个人都深知个人与民族休戚与共的道理。"志之所趋，无远弗届，穷山距海，不能限也。"人生的理想有多深远，人生的道路就有多宽广。希望你们从"立大志、明大德"做起，以青春的能量点亮青春的梦想，以青春的姿态涵养坚毅的品格，让青春在为祖国、为民族、为人民、为人类的不懈奋斗中绽放绚丽之花！

亲爱的同学们，今天的成人礼，虽然没有"正衣冠""净洗手""击鼓明志"的仪式，但希望大家能以"成人"为始，在今后的人生中践行"身正、心净、志明"的内核，用你的一生去完成"成人"的修行！

最后，祝愿 2022 届深中全体高三同学，在一个月后的高考中稳执牛耳，在今后的人生中稳执牛耳！

谢谢大家！

2022 年 5 月 7 日

5-7

成人在即，荣光将至

——在 2023 届成人礼上的演讲

尊敬的各位老师、家长，亲爱的同学们：

大家下午好！

"草长莺飞二月天，拂堤杨柳醉春烟。"在这美好的日子里，我们欢聚一堂，为 2023 届同学举行十八岁成人礼。我代表学校向你们表示热烈的祝贺，向为你们的成长遮风挡雨、呕心沥血的各位家长和老师表示衷心的感谢！

刚刚过去的 2022 年，是深圳中学建校 75 周年，校庆的主题是"梦想与荣光"——这五个字不仅勾勒出学校的发展图景，更是在座每一位同学的成长写照。梦想，是寒窗苦读十二载的渴望，是直挂云帆济沧海的斗志，是青年人奔赴新时代新征程的宏伟目标。荣光，是奋发努力后收获的动人喜悦，是纪念成人的特别礼物，是交付给青春的最美答卷。

同学们的梦想列车早已启航，成人在即，荣光将至。在此，我有几句嘱托，送给在座的每一位追梦人。

第一，传承深中的精神传统，牢记深中人的光荣使命。2023 届的你们，是深中历史上具有里程碑意义的一届，你们身上记录着深中办学史上的许多个"第一"：进驻深中新校区的第一届新生，深中建校以来人数最多的一届，深中大规模扩招后的第一届毕业生……你们受到社会各界的广泛关注，你们肩上承载的使命深远重大。入校近三年来，你们已经在学科竞赛、科创竞赛、艺体比赛、四校联考、深一模考试中取得了优异成绩。希望同学们秉承"追求卓越、敢为人先"的深中精神，继续努力，刻苦学习，在未来不到一百天的时间里实现新突破，创造新高度，不负拼搏岁月，不负美好青春。

第二，做不惧挑战的冲浪者，保持积极乐观的心态。高考是一场对耐力的考验和对精神的历练，良好的身体和心理素质不可或缺。你能否用积极的心态去面对前方可能存在的不尽如人意，将直接影响最终的结果。苏东坡一生遭遇千难万险，半生颠沛流离，尝遍人间疾苦。但是，他始终微笑向前，将别人眼中的苟且，活成了自己的潇洒人生。虽被贬离故土，却道"此心安处是吾乡"；虽历经官场失意，却说"且将新火试新茶，诗酒趁年华"。希望同学们也要学会把每一次逆境当作一场修行，在人生的风雨中，一边磨砺，一边成长。暗夜凄冷，抬头总能看到满天繁星；风雨如晦，也能悟得"一蓑烟雨任平生"。

第三，不给自己的生命设限，书写独一无二的人生。π是大家都熟悉的数学符号，几乎无处不在，它是无限不循环小数，"无限"意味着我们的人生拥有无限潜能，等待同学们去激发、去创造；而"不循环"则表示这一串数字中包含着任何可能的数字组合，意味着我们的人生充满无限可能，梦想不管有多远，竭尽全力去追就总会到达。看似简单的π背后，却暗藏着丰富的意蕴，一笔一画彰显着深刻的人生哲理。π的第一笔会经历起伏，犹如现阶段你的成绩有高有低，但只要一步一个脚印，前方就会畅通无阻。第二笔逆锋起笔，藏而不露。正如大家只有在最后的三个月静得下心，沉得住气，耐得住寂寞，才能蓄势而发，一鸣惊人。π的第三笔是停滞迂回，缓缓出头。备考之途，人生之路，困难一定会有，挫折一定会有，适时调整，寻找合适的解决办法，定将迎来峰回路转，柳暗花明。寥寥几笔构成的 π 写起来容易，做起来难，希望十八岁的你们，以奋进之笔书写精彩人生，开创属于自己的人生流"派"。

最后，我和同学们分享一段毛泽东 1957 年在莫斯科大学大礼堂接见中国留学生时的讲话："世界是你们的，也是我们的，但是归根结底是你们的。你们青年人朝气蓬勃，正在兴旺时期，好像早晨八、九点钟的太阳，希望寄托在你们身上。"十八岁的深中人，你们是家庭的希望，是祖国的未来；如今的你们正以一名冲浪者的姿态，即将向六月的巨浪发起挑战，期待着见证 2023 届全体高三同学，勇往直前、乘风破浪，书写人生的第一卷精彩篇章。

2023，一马当先。加油吧，深中人，世界终将是你们的，未来终究是你们的。

祝福各位，谢谢大家！

2023 年 3 月 5 日

欲穷大地三千界，须上高峰八百盘

——在 2024 届高三成人礼上的演讲

尊敬的各位老师、家长，亲爱的同学们：

大家下午好！

春回大地，阳和启蛰。在这个充满希望的日子里，我们欢聚一堂，为 2024 届深中学子举行十八岁成人礼。十八岁，是一个美好的年纪。看着今天的你们，就想到十八岁的自己，感慨万千：四十三年前，我师范毕业后分配到家乡一所高中，担任高中毕业班数学老师，开启了人生的征程，一路走来，风雨兼程、奋发图强、百折不挠，坚定不移地追寻着教育梦想。2017 年元月，我就任深中校长，七年多来更深切地感受到：办教育是一项崇高且伟大的事业，一项伟大的事业就必将经历重重艰难险阻，也必将越过道道激流险滩。但是，每当看到同学们在深中学有所得、学有所获、学有所长，我都深感欣慰。今天，你们"解锁"了"成人"新身份，在这个值得纪念和庆祝的时刻，我向每一位即将迈入人生新阶段的同学表示最诚挚的祝福和最热烈的祝贺！

十八岁，是充满挑战的年纪，从今天起，你们开始从青涩少年步入热血青年，将承担起更多的责任和义务，探索属于自己的人生道路。

成人，意味着从依赖父母到独当一面，这需要你们心智的不断成熟。古人云："修身，齐家，治国，平天下。"要想成为社会和国家的栋梁之材，首先就要修炼自身，磨炼心智。只有心智足够成熟，才能更全面、更深刻地了解自我和世界，才能承担更重要的社会责任。心智的成熟不是一蹴而就的，需要在学习、实践中久经磨炼而成。希望同学们在广泛阅读、精进学业，应对挑战、解决问题的过程中，不为成见所拘，大胆质疑，"不唯上、不唯书、只唯实"，以辩证的思维去看待问题，用批判的眼光去审视现实，培养不怕困难的胆识和高瞻远瞩的见识，让自己的心智更加成熟，让高翔的羽翼更加丰满。

成人，意味着从关注自我到关爱他人，这需要你们心灵的日渐丰盈。在成长的道路上，同学们一定遇到过很多困难和挑战，也得到过很多关爱、关心和支持，有父母的悉心养育、师长的温情引领、朋友的温暖相伴，甚至是来自陌生人的好心帮助。白居易有诗云："丈夫贵兼济，岂独善一身。"成人代表着责任，希望你们常怀一颗感恩之心，不仅要珍惜、爱护身边的每一个人，更要在经受挑战的过程中让自己变得更加坚韧、更加顽强，用无限的热情与丰盈的心灵，去看见、去帮助、去温暖更多的人。未来的人生道路，你们还会遇到各种各样的烦恼和困惑，会经历高峰和低谷，我常和老师们强调"要像对待自己的孩子一样对待自己的学生"，借此机会，我也想对家长说：接纳孩子脆弱和无助的时刻，接纳他们不够优秀的时刻，因为他们未来不论走多远，有了你们的支持和信任，他们的每一步才会走得更加坚定和自信。

成人，意味着从关注个体到关怀社会，这需要你们心胸的不断开阔。从今天起，你们的视野与胸怀所容纳的将不仅仅有"自我"，更将囊括"社会"与"家国"。成人成才并非仅仅是个人的追求，更是对社会的回馈。时代犹如潮水般汹涌澎湃，一切有理想、有抱负的读书人都应该立于时代潮头，立下"以身许国，以身报国"的志向，勇于担负起国家赋予的使命，为实现中华民族伟大复兴的中国梦而努力奋斗，为国家、为民族、为世界、为人类做出自己的贡献。

亲爱的同学们，十八岁是无限美好的年纪，也是充满挑战的年纪。十八岁的你们即将迎来人生的第一场大考。路遥的小说《人生》的扉页上有这么一句话："人生的道路虽然漫长，但紧要处往往只有几步，特别是当人年轻的时候。"人生没有道路是笔直的，有些岔道口，走错一步，可以影响人生的一个时期，也可以影响人的一生。不要等到失去后，才回头反省；不要等到错过，才知道拥有的可贵。"山重水复疑无路，柳暗花明又一村。"现在距离高考只有 82 天，这场考试的背后是同学们十余年的寒窗苦读和数不尽的焚膏继晷，你们辛苦了！但是，请你们一定记住，"行百里者半九十"，越接近终点处，越要坚持住，收获成功的人都是在困境中能够坚持到底的人。

同学们，"欲穷大地三千界，须上高峰八百盘"。你们正值青春年少，正是奋发有为的好时机。勇敢地去攀登理想之峰，用勤奋坚实地走好每一步路，用智慧感受一路的美丽风景；大胆地去奔向理想之海，正如河流，穿过峡谷，淌过平原，漫过堤坝，勇往直前。

最后，再次祝愿每一位同学十八岁成人礼快乐，愿你们在人生的道路上越走越宽广，越走越精彩。2024，凌云壮志，预祝在座的每一位高三学子都能在今年高考中旗开得胜，如鱼得水，取得理想成绩，考上理想大学！

谢谢大家！

2024 年 3 月 16 日

为者常成，行者常至

——在 2017 届高三毕业典礼上的演讲

尊敬的各位家长、老师，亲爱的 2017 届全体毕业生：

大家上午好！

今天是 6 月 11 日，这是同学们人生中十分特别的一天：你们将要告别母校，踏上新的征程。请允许我代表学校向你们表示最诚挚的祝贺，祝贺你们顺利毕业，并为你们更加精彩的明天祝福，同时也要向陪伴你们一路走来的老师、父母和亲朋好友致以最崇高的敬意！

还记得初入深中时的兴奋吗？那年凤凰花开，你们第一次踏入了校园；如今伴随着凤凰花又开，你们将告别母校。时光总是匆匆飞逝，仿佛一切都还在昨日，却在转瞬之间就到了和它说再见的时候。难忘的晒布岭，难忘的凤凰木……学校的一砖一瓦，一草一花，想必都给你们留下了难忘的回忆，因为这里定格着你们无悔的青春年华。今天，你们将从这里出发，去探索新的世界。但是无论你们未来走到哪里，深中都是你们永远的家。

空间上的深中是有限度的疆域，无论是深中街 18 号还是书院街 6 号，你们一定用脚丈量过很多次。而我希望你们可以如同前辈校友们一样，不断拓展深中的精神疆域，让深中的外延变得更加辽阔，努力锻造深中宏大的精神气魄。

刚刚结束的高考，是你们经历的第一场人生大考，无论结果如何，你们都是胜利者，因为你们经历了一场艰苦的考验，用青春和智慧书写了一张精美的人生答卷，没有遗憾地迈向新的征途！在你们即将启程的时刻，作为深中的长者，我想送你们六个"锦囊"，当你们未来遇到困难，抑或是迷茫无助的时候，记得打开锦囊，期待会对你们有所帮助。

第一个"锦囊"：希望你们永远不要放弃求知的欲望。 高中毕业不是学习和修为的终结，"修身正己"这门功课理应贯穿人的一生。有人到了大学便放纵自我、混沌度日，我想这不该是深中学子应有的姿态。要知道不管是远方，还是近旁，都有无数的未知等待你去发现。无论何时，你心中都要有探究的欲望，它使你总想走过去，再走近一点，一探究竟；它使你永不满足现在的自己，它使你任何一刻抬起头，都能看到理想的模样。

第二个"锦囊"：希望你们永远保持生命的纯粹底色。在功利主义抬头的时代里，葆有超越功利的执着非常不易，但它却能构成生命的纯粹底色，让你时刻忠于本心，不会随波逐流，不会迷失自我。同时，它也会让你时刻不忘给自己的人生找点乐子，陶醉其间，超脱尘俗。未来的日子，不奢望你一定要风生水起，但千万不要活得了无生趣。我希望你们都能追求有格调的生活，享有层次丰富的人生。

第三个"锦囊"：希望你们永远"务实笃行"，牢记"久久为功"。不要只想"大问题"，要时时做好"小事情"。"任何学问，远望皆如一丘一壑，近观则皆成泰山沧海。"纵使你有经天纬地之才，拔山超海之力，都必须身体力行，努力奋斗。告别高中时代，告别父母的庇护与师长的扶持，小烦恼和大麻烦都有可能接踵而至。这时你要牢记"久久为功"，要知道：欲做精金美玉的人品，定从烈火中煅（锻）来；思立揭地掀天的事功，须向薄冰上履过。

第四个"锦囊"：希望你们永远"慎思明辨"，保持独立的思考。在这个资讯爆炸的时代，纷繁芜杂的信息冲击着我们的视听，未经审查的成规和习惯羁绊着我们的思想。在怀疑的时代里，做冷眼旁观的批判者、随心所欲的解构者，太容易了；做有良知、有底线、果敢明达的建构者，太难了。而我希望，你们能够成为后者。

第五个"锦囊"：希望你们永远尚德守正、庄敬自强。无论在任何时候，希望你们公平待人，不可恃强凌弱，更不可损人利己。

自觉维护公平正义，常存悲天悯人的情怀，在人情浇薄的世界里坚持做一个有温度的人。

第六个"锦囊"：希望你们永远铭记对社会、历史、民族的担当。金庸先生有言"侠之大者，为国为民"。生命的意义不在于对生活苦难的规避和对物质享受的追求，而在于精神理想的高远和对美丽心灵的向往。在未来的日子里，我不希望你们成为一个精致的利己主义者，要将"小我"活成"大我"，如宋代张载所言，"为天地立心，为生民立命，为往圣继绝学，为万世开太平"。希望你们在广阔而深邃的时空格局中定位自己，做一个真正对社会有价值的人。

各位同学，在我心中，你们都像是我的孩子。谢谢你们的到来，你们的热情与活力，智慧与美好，都将在深中的精神图谱里留下绚烂的一笔！也许，某年某月，你又走到了晒布路口；某事某情，又让你梦回凤凰木下。无论怎样，都请你们记住：深中永远都是你们的家！希望你们在未来的每一天里，都能把深中精神内化于心、外化于行，走出自己的精彩人生，让青春在这个全新的起点重新出发吧！

为者常成，行者常至。

愿你们：

初心相随，方能征途渐远；

一念执着，写就无悔青春。

谢谢大家！

2017 年 6 月 11 日

筑梦晒布岭，守望凤凰木
——在 2018 届高三毕业典礼上的演讲

尊敬的各位老师、家长，亲爱的 2018 届全体毕业生：

大家上午好！

今天对在座的各位同学来说是特殊的一天：你们将要告别贯穿东、西校区的高中学习生活，开启如星辰大海般的新征途。请允许我代表学校向你们表示最诚挚的祝贺，祝贺你们圆满完成高中阶段的学业！同时也要向陪伴你们一路走来的老师、父母及亲朋好友致以最崇高的敬意！

今天我将以数学老师的名义，给同学们上高中生涯的最后一课。

首先，我想和你们分享一位数学家的故事，大家不妨来猜猜他是谁。

他是北大数学系 1978 级高才生；他被权威杂志《自然》誉为"敲开数学界重大猜想大门"的科学家；他被国内媒体称为深藏不露的"数学界扫地僧"；2013 年凭借研究"孪生素数猜想"取得的破冰性进展而声名鹊起。

他就是著名华人数学家张益唐先生。

"庾信平生最萧瑟，暮年诗赋动江关"是他人生最真实的写照。1985 年张益唐到美国普渡大学攻读博士。但由于种种原因，他的博士论文未能发表，毕业时导师也没为他写推荐信，以至于无法找到一份体面的工作。张益唐一边靠在快餐店洗盘子、送外卖养家糊口维持生计，一边继续坚持着他所热爱的数学研究。直到 1999 年，他才在美国新罕布什尔大学谋得助教的职位。在接下来的 14 年里，在没有任何研究经费支持的情况下，张益唐凭借扎实的数学功底，充满智慧的大脑以及潜心钻研的精神，终于在年近六旬时在"孪生素数猜想"方面取得突破性进展，他也因此由一名默默无闻的大学讲师跻身于世界重量级数学家的行列，2014 年获美国麦克阿瑟天才奖。

各位同学，听完了张益唐先生的故事，你们有何感想呢？

南方科技大学副校长汤涛院士如是评价："年近 60 却还只是个讲师，在一般人看来无疑是失败的，甚至是潦倒的，但他处之泰然，不改其志。"而我看到的是孔子盛赞的"一箪食，一瓢饮，在陋巷，人不堪其忧，回也不改其乐"的贤者；是王尔德呼唤的"吾辈皆身处沟渠之中，然其必有仰望星空者也"的智者；是毛姆笔下的"满地都是六便士，他却抬头看见了月亮"的追梦人。

亲爱的同学们，这是我这堂课给大家划下的第一个"知识点"：希望你们在未来的人生道路上，能找准自己的坐标。无论身在何处，身处何境，都依然不忘抬头看看那柳梢的月、檐角的星，去追寻属于自己的不平凡的光芒。

接下来，我将和大家分享第二个和数学有关的故事。

今年五月，一篇题为《奥数天才坠落之后》的文章刷爆朋友圈。读过此文的同学应该知道，该文主人公是两届国际数学奥林匹克（IMO）的满分金牌得主付云皓。次日，他以一篇题为《奥数天才坠落之后——在脚踏实地处　付云皓自白书》的文章对媒体"天才坠落"一说予以驳斥，再次引发热议。付云皓是我的学生，在数学方面非常有才华，非常优秀；因此，当他因普通物理补考不及格肄业，从而考研面临重重困难的时候，我感到十分惋惜。当时，我联系了清华大学附中校长王殿军教授、中国数学奥林匹克委员会主席王杰教授、北京大学数学学院院长张继平教授，向教育部学生司写信推荐，在广州大学数学科学学院为他开设数学教育与数学奥林匹克的硕士专业，让他能在所擅长的领域有继续深造的机会和平台；付云皓毕业后，继续攻读了博士，目前是国际数学奥林匹克中国国家集训队教练组成员。

今天，我无意与同学们探究人生选择和社会价值的是非对错，我更想借付云皓的故事和大家谈谈"如何面对寻梦路上的青春迷惘"——他少年天才，两届冠军；保送北大，抱憾肄业。所幸的是，付云皓最终还是找回了自己的坐标，在他喜爱的数学教育道路上笃定淡然，坚定前行，正如他自己所说，"只有脚落实处，做好每件事，才能积少成多，为社会真正贡献你的力量"。

亲爱的同学们，这是我为大家划下的第二个"知识点"：希望你们"不畏将来，不念过往"，在筑梦路上做一个充满激情与能量的担当者。用理智超越迷茫，用勇锐盖过畏惧，用进取压倒苟安，这才是青春本色。就像海子诗中所写："要有最朴素的生活和最远的梦想。即使明日天寒地冻，山高水远，路遥马亡。"

同学们，在未来的日子里，你们的青春将拔节生长，你们在深中的生活都将变成一点一滴的回忆。你们一定忘不了在课堂上和你确认过眼神的老师，忘不了每夜卧谈的室友，忘不了刷题总比你快的同桌，忘不了慵懒乖巧的校猫……太多的忘不了早已将你们和深中紧紧相连。

亲爱的同学们，这是我为大家划下的最后一个"知识点"：时光的河入海流，在凤凰花开的路口，永远有"钥匙妹"和老师们为你们守候！欢迎大家常回家看看！祝福大家前程似锦！

谢谢大家！

2018 年 6 月 11 日

心怀天下，行稳致远

——在 2019 届高三毕业典礼上的演讲

尊敬的各位老师、家长，亲爱的 2019 届毕业生：

大家好！

今天，你们即将告别高中生活，开启人生的新征途。请允许我代表学校向你们表示最诚挚的祝贺，祝贺你们圆满完成高中阶段的学业！同时也要向陪伴你们一路走来的老师、父母致以最崇高的敬意！

在这个特殊的日子，我想以三句话作为送给你们的临别赠言。

第一，希望你们拥有心怀天下的格局。

"谋大事者，首重格局。"最近，任正非先生在华为深圳总部接受媒体采访时的谈话，受到无数人的赞赏。华为的底气来自哪里？很多人认为是华为的"备胎计划"，而更深层次的一定是源于任正非先生宽广的眼界和阔大的格局。试想，如果他打情绪牌，也一定会有巨大的影响力，那么我们就会看到更加亢奋的舆论与情绪、更加激烈的对立与冲突。任正非先生没有，即使女儿被扣押、企业被制裁，他依然能冷静处理、承认差距，提出要开放、要合作，并且真诚地赞美苹果和谷歌这样的企业。华为一向如此有格局、有远见——他们支持基础教育，创建深中-华为创新体验中心，鼓励中学生进行科学研究；设立"深中-华为特殊人才奖学金"，为偏才怪才提供成长沃土；他们支持基础学科的研究，在全球为科学家提供科研经费和研究便利……任正非先生的格局就是华为的底气！

不谋万世者，不足谋一时；不谋全局者，不足以谋一域。深圳中学近年来一直努力引进和培育高学历、高水平的优秀师资，招聘了一批北大、清华等名校的硕士、博士到学校任教。社会上有一些人质疑：认为名校毕业生到高中任教是"大材小用"。我们不遗余力引进名校毕业的硕士、博士，看重的不仅是他们扎实的学科背景，还希望让这些优秀人才给予学生更多高端的学术引领以及思想的熏陶。

第二，希望你们养成脚踏实地的习惯。

叶圣陶曾说："教育是什么，往简单方面说，只需一句话，就是要养成良好的习惯。"好的人生是由好的习惯决定的，就像任正非先生，他不是喜欢抛头露面的布道型企业家，而是朴素地陈述自己的看法，踏踏实实做自己的事，这就给人带来极大的安全感。想到他，人们就有信心，觉得华为不可能被击垮。这是一种境界。如何才能达到这种境界？前提是养成脚踏实地、做好小事的习惯。主动学习、主动做事，履行承诺，这是很简单的，但也是朴素的人生道理。一个人的形象永远是自己创造的，你在别人眼中是怎样的形象，你能否成为一个让人信任的人，就取决于生活中的每一件小事。

"天下难事必作于易，天下大事必作于细。"我曾经说过，希望同学们能"想大问题，做小事情，让大问题为我们指引方向，让小事情支撑我们向前"。播种行为，收获习惯；播种习惯，收获性格；播种性格，收获命运。能否养成脚踏实地、做好小事的习惯，很大程度上决定了你未来究竟能走多远。

第三，希望你们履行时代赋予的使命。

今天，我们正处在一个伟大的时代，一个孕育无限希望的时代。虽然面临重重困难，但是未来一定会比现在更好——社会更加高效、更加富裕，世界更加开放、更加平等，教育更有质量、更加多元，人的发展更加全面、更加和谐。未来的中国，会出现更多卓越的企业、优秀的企业家，会出现更多的"深圳市南山区粤海街道办"，也会出现更多优秀的科研工作者、医生、教师以及各行各业的人才。

在座的你们，打算给这个时代交出一份怎样的答卷？大家以后会走向更广阔的天地，遇到更优秀的同伴，体验更丰富的人生。希望同学们拥有大的格局，不囿于一时之得失，不计较一己之短长，脚踏实地、砥砺前行，勇于肩负起时代赋予的使命，为中国科学完成从"追赶者"到"领跑者"的角色转变，为国家发展、民族复兴贡献自己的力量。

同学们，有多大胸怀，就有多大格局；有多大格局，才有多大成就。心怀天下，行稳致远。祝福同学们金榜题名、梦想成真，在凤凰花开的路口，永远有"钥匙妹"和老师们为你们守候。

谢谢大家！

2019 年 6 月 11 日

青春由磨砺出彩，人生因奋斗升华

——在 2020 届高三毕业典礼上的演讲

尊敬的各位老师、家长，亲爱的同学们：

大家上午好！

今天，我们隆重举行 2020 届毕业典礼，共同见证同学们踏上新的人生征程。在此，我向即将毕业的同学们致以热烈的祝贺！向多年来悉心指导你们的老师表示衷心的感谢！向关爱你们成长、关心学校发展的家长致以崇高的敬意！

每一届毕业生都有属于自己的青春记忆，而你们的记忆尤其难忘，也注定被历史铭记。全球战"疫"、强基初启、高考延期……2020 届的你们经历了前所未有的挑战和际遇。你们在充满变数的人生中磨砺意志、超越自我，你们从动人的抗疫故事中感受社会的温暖与力量，你们在时代的洪流中体悟人性的无私与伟大……我相信，这段时间的磨炼与成长，一定为你们开启未来生活的新篇章积蓄磅礴的生命力量。

在同学们即将启程的时刻，我想用以下两句话作为送给你们的临别赠言。

第一，青春由磨砺出彩，希望你们保持宏大的格局，在困境中学会成长。

命运总是充满各种变数，但是不被眼前的困境局限，保持宏大的格局、开放的心态，才能更快地扭转逆境。在新冠危机与中美贸易战的背景下，华为总裁任正非向我们展示了一位民族企业家在困境中的格局与担当：当武汉情势紧急，华为仅用 3 天时间就完成了火神山医院 5G 网络的建设；当全球疫情暴发，华为默默为美国、加拿大捐赠了珍贵的抗疫物资；当国人都为孟晚舟被拘鸣不平，任正非在采访中说："女儿每天很乐观，自学五六门课，准备读个'狱中博士'。"他这样的胸襟和格局让人感动和敬佩。

同学们，在人生的漫长旅程中，时常会遭遇暴风骤雨、荆棘满途，但是"松柏之质，经霜弥茂"，当你们今后走进大学，步入社会，一定要学会从容地应对前方未知的危机、命运的挑战，在困境中学会坚强，在磨砺中不断成长。

第二，人生因奋斗升华，希望你们与优秀的人一起，为人类进步而努力。

今年，为了在新校区为学生搭建更多优质的科技创新平台，我们在疫情期间克服重重困难，与北京大学、清华大学、南京大学分别共建天文创新实验室、朱邦芬院士工作站和先进光声功能材料实验室，并举行云签约揭牌仪式；迄今为止，深中已与著名高校、企业共建 19 个创新实验室和创新体验中心。近日，深中通过剑桥大学国际考评部的考核，成为具有开办官方 IGCSE 和 A-LEVEL 课程资质的剑桥学校。今年，为了让深中的优质教育资源惠及更多学子，我们第三次与华为合作，开办"华为-深中数理实验班"（省班/市班），这是深中在拔尖创新人才培养方面实现的历史性突破，更是希望尽己之力，为推进深圳教育先行示范、为国家发展储备更多数理人才，贡献深中智慧和深中力量。

我们不遗余力把优秀的学生汇聚在一起，为他们搭建更广阔的平台、提供更丰富的资源、引进名校毕业生和经验丰富的优秀教师，为的是让学生在多元开放的学习氛围中，在高水平人才的引领下，在同伴的积极影响下，尽早窥见学术的奥义，树立高远

北京大学天文创新实验室

的人生理想。正如近期就新冠病毒预防在 *Science* 期刊上发表论文的深中 2013 届校友赵方竹所说，她从高中起身边就有很多优秀的同伴，这是她前行的最大动力，看到身边的人比自己优秀，不仅为他们感到骄傲，更要努力让自己变得同样优秀。

同学们，"独学而无友，则孤陋而寡闻"。希望你们在今后的学习生涯中，与优秀者同行，与奋斗者共进，不仅成为最好的自己，更为世界进步而共同努力，为人类的未来做出贡献。

韶华三载，岁月如歌。亲爱的同学们，又到了说再见的时候，母校不舍你们离开，但更期望看到你们远行，去领略更广阔的风景。无论你们今后走向何处，请同学们记住：你们永远是深中的骄傲，深中永远是你们温暖的家！

谢谢大家！

2020 年 7 月 13 日

人，生也有涯，而奋斗无涯
——在 2021 届高三毕业典礼上的演讲

尊敬的各位老师，亲爱的同学们：

大家上午好！樽酒赠远人，斟酌叙平生。不知不觉间，我们走到了离别的十字路口，在这收获与感恩的时刻，我代表深中全体教职工向圆满完成学业、即将整装启航的各位同学致以最热烈的祝贺，向悉心指导你们的老师、陪伴你们成长的家长表示诚挚的感谢！

上个月，我们含泪送走了袁隆平、吴孟超、章开沅、何兆武、王元等多位老人。巨星陨落，华夏悲歌；人虽生也有涯，但是何

以让短暂的生命得以"无涯"，这些离开我们的大师用一生的光景给了我们答案。

人，生也有涯，而信仰无涯。

用有限的生命去追寻珍贵的信仰并坚守，那么逝去的生命也会因信仰的留存得以不朽。"共和国勋章"获得者、"杂交水稻之父"袁隆平院士一生坚守"消除饥饿"的信仰，即便在弥留之际，仍心系脚下田畴。在艰苦年代里，他的坚守拯救了无数同胞的生命；在祥和岁月中，他的坚守给了中国复兴崛起的底气。我们敬重袁老，不仅仅是因为他情系苍生、为生民立命，也不仅仅是因为他许给全国人民一个"禾下乘凉"的好梦，更是因为他给我们树立了一座精神的丰碑——坚守家国、坚守生命，坚守信仰。也正因如此，袁老虽陨于人间，但永驻心间。

人，生也有涯，而大爱无涯。

孟德斯鸠说："将自己的生命寄托在他人的记忆中，生命仿佛就加长了一些。"中国肝胆外科之父吴孟超院士，曾在无影灯下工作七十余载，他用那双长期握刀而变形，但细腻、不颤抖的双手给两万多个生命送去了第二次人生。在他的心中从来都没有"吴孟超"，有的只是疾病和生病的人，他常常对学生说："这世界不缺乏专家，不缺乏权威，缺乏一个'人'——一个肯把自己给出去的人。当你们帮助别人时，请记得医药有时是穷尽的，唯有不竭的爱能照亮一个受苦的灵魂。"恰是这样一个用有限的生命去大爱、去博爱的他，才会在辞世后仍有那么多人感念他、缅怀他。现在，吴老先生虽然已离我们远去，但他的德行却留存在了所有敬仰他、爱戴他的人的记忆里，他的仁爱也将在这些人中延续，他的生命线将在更广阔的时空中被延长。

人，生也有涯，而奋斗无涯。

中国共产党的创始人之一李大钊同志说过，青年要"为世界进文明，为人类造幸福，以青春之我，创建青春之家庭，青春之国家，青春之民族，青春之人类，青春之地球，青春之宇宙，资以乐其无涯之生"。今年是建党100周年，一百年前，中国共产党用一次次惊人的壮举突破着时代的涯壁；一百年来，中国共产党创造了一个又一个彪炳史册的人间奇迹，书写了生命不息、奋斗不止的百年党史。百年后的今天，你们同样有着信仰至上、博爱苍生、自强不息的红色基因。我相信，这样的你们，站在人生新的起点上，也一定能够突破生命的涯壁，创造属于自己的辉煌。

前段时间，我看到一些同学早已折好了纸飞机，把它们抛出去插在了教室天花板的缝隙里。但世界那么大，天花板怎么足够承载梦想？同学们，世界已经为你打开天窗，冲破头顶的天花板，奔向浩瀚的苍穹吧，纵情去飞、去闯，母校会一直在这里守候你们，静待你们凯旋！

谢谢大家！

2021 年 6 月 3 日

机遇与挑战并存，青春与理想共舞

——在 2022 届高三毕业典礼上的演讲

尊敬的各位老师，亲爱的同学们：

大家上午好！

岁月不居，时节如流。转眼之间，各位同学已来到向母校挥手作别、分赴高等学府的十字路口，在你们即将开启崭新的人生旅途之际，我代表学校全体教职员工，向同学们致以热烈的祝贺！

一代人有一代人的青春，一代人有一代人的奋斗史。2022 届的毕业生，你们的青春与时代同呼吸，与家国共命运。你们经历了新冠疫情反复时的严密封控，见证了俄乌冲突下的动荡局势，也一定关心着当今世界的能源危机、粮食问题；你们看到了中国在国际政治舞台上的底气和解决民生问题、稳住经济增长的决心，你们也一定动容于在大是大非面前，舍小我而成就大义的一个个普通人的故事……不可否认，这个世界总是有太多变数，而这些变数也会化为千千万万的机遇和挑战，它们或多或少地影响着我们每一个普通人的命运——尤其是年轻人；你们可能会在人生的十字路口感到紧张或迷茫，但每一个有理想、有志气的青年，都可以自信地肩负起新时代所赋予的使命，踏踏实实地走好人生的每一步，用炽热的心去感受、去迎接生活的每一种可能性，去勇敢地创造属于自己的未来。

在同学们即将远行的时刻，作为你们的师长，我想用以下两句话作为临别赠言。

第一句话是：终身学习，以勤奋进取铸就自我成长之梯。

作家卡夫卡说："书是用来凿破人们心中冰封海洋的一把斧子。"高中三年，同学们读了不少书，并且在读书和学习的过程中收获了心智的提升和灵魂的"破冰"，这其实远比分数和成绩来得重要。将来进入大学，你们要学习的是更专业的知识和技能，要面临的是更深奥的探索和研究，这是对你们成长、成才的考验。那么，时刻保持勤奋进取的精神，抓住机遇、迎接挑战，是你们实现自我成长的不灭炬火。

同学们，青年时期是一去不复返的，等到精力衰退时，想要再集中精力做学问就来不及了。高考是高中三年的终点，其实更是新的起点，养成终身学习的意识，你终将会感谢曾经坚持不懈、拼搏奋进的自己。

第二句话是：胸怀大局，真正的成熟是走出自我的中心。

泰戈尔说："我们唯有献出生命，才能得到生命。"这句话的意思是，总有一些人纵然肉体死亡也不会被世界忘记，因为他们懂得生命的不朽价值是在奉献与馈赠中实现的。所以真正的成熟是走出自我的中心，将个体价值之果结在人类文明的参天大树之上，这样才能在天地之间留下永恒不灭的印迹。

同学们，于高山之巅，方见大河奔涌；于群峰之上，更觉长风浩荡。鲁迅说："无穷的远方，无数的人们，都与我有关。"所以他游日归来，弃医从文，投笔为枪。当年，"两弹一星"功臣梁思礼说："我干的导弹是保卫祖国的。"所以他毫不羡慕留在美国、生活优裕的同学。追名逐利终归是小格局，为国为民才是大境界。希望每一位深中人始终以社会、国家利益为先，走出自我的狭小天地，向着万里长空放飞理想。

亲爱的同学们，今年是中国共青团建团 100 周年，身为新一代共产主义青年，你们的征程才刚刚开始。放眼未来，机遇与挑战并存，青春与理想共舞。勇敢地去闯出一番天地吧，母校永远在这里等待你们凯旋！

谢谢大家！

2022 年 6 月 10 日

信尔胸中有丘壑，驰骋长途见山河

——在 2023 届高三毕业典礼上的演讲

尊敬的各位老师，亲爱的同学们：

大家上午好！

六月鹏城，娟娟芳意，灼灼桃李。今天，带着炎夏的热情，我们欢聚一堂，共同见证属于 2023 届深中学子的高光时刻。"大鹏一日同风起"，呕心沥血育新苗，殚竭心力终为子。借此机会，我代表深圳中学向圆满完成学业、即将奔赴人生新征程的各位同学表示热烈的祝贺，向悉心培育你们的老师致以崇高的敬意，向辛勤养育你们的家长表示衷心的感谢。

同学们，作为深中扩招后的第一届高中毕业生，你们在典雅恢宏、生机盎然的泥岗新校区熠熠发光，你们在雍容沉静、绿树红花的东门老校区力学笃行，你们在张扬个性的同时做到了独立与担当，你们在不断蜕变的过程中享受着生命的绽放。今天，你们即将挥别凤凰木，乘着青春之风和时代之势扶摇而上，在此，我为你们送上祝福，也送上一份远征的"行囊"。

第一，青年当"小德川流，大德敦化"。《中庸》认为：小德如江河，川流不息，大德敦厚，化育万物。一方面，高中毕业以后，你们依然处于价值观形成和确立的关键时期，面对纷繁多变的社会现象、社会思潮，青年要如"小德川流"，明大德、守公德、严私德，要坚守精神追求，处理好义和利、是和非、正和邪、苦和乐的关系，迈稳步子、夯实根基、久久为功；另一方面，青年也要能"大德敦化"，胸怀社会、时代和未来，在开放包容、求同存异、聚同化异中树立远大理想。古人有言："凿井者，起于三寸之坎，以就万仞之深。"只有慎独慎微、海纳百川，才能在时代大潮中成就人生的博大和深沉。

第二，青年当"删繁就简，领异标新"。艺术工作者在创作中常常强调"不要重复自己，也不要重复别人"，这个原则在学习生活中同样适用。清代郑板桥说："删繁就简三秋树，领异标新二月花。"只有充分自省、自信且具备创造力的人，才能实现像三秋树去叶存干、如二月花美好新鲜。同学们，你们立于时代潮头，既要"吾日三省吾身"，又要开拓进取、锐意创新。只有不断丰富专业知识、提升专业素养、增强专业本领，才能形成洞悉社会和人生、时代和世界的科学视野和敏锐眼光，才能敢于在各自的领域创新创造，才能优化旧方法，实现新突破。

第三，青年要"有所为"，更要"有所不为"。在这个多元文化交融的时代里，你们是最富活力、最具创造力的群体，理应具备持续学习的能力、坚韧不拔的毅力、做出成绩的实力。但是，只有极少数人能在多个领域做到卓尔不群，大家在勇于追求的同时，也应懂得取舍。敢于舍弃锦簇花团，潜心深耕方寸之田，才有可能滴水穿石。著名学者林语堂把自己的书房命名为"有不为斋"，他的生活态度是以"有为"为中心，但也往往有不为的事，因而成就了"两脚踏东西文化，一心评宇宙文章"的智慧人生。愿同学们能够懂得这种"有所不为"的智慧，并在未来大有可为。

亲爱的同学们，今天是你们高中生涯的终点，更是你们广阔人生的起点。"探索与创新"是深中发展的永恒主题，希望也能成为你们远征旅途上的精神指引。我相信大家一定能在学思践悟中坚定理想信念，在细照笃行中不断修炼自我，在知行合一中主动担当作为！

信尔胸中有丘壑，驰骋长途见山河。祝同学们毕业快乐、一举千里，愿同学们驰骋人生、大有作为！

谢谢大家！

2023 年 6 月 11 日

九万里风鹏正举，朝夕间千帆待发

——在 2024 届高三毕业典礼上的演讲

尊敬的各位老师、家长，亲爱的同学们：

大家上午好！高考方向的同学们三天高考辛苦啦！国际部的同学们辛苦了！

在这凤凰花开的美好时节，我们欢聚一堂，举行深中 2024 届高三毕业典礼。我代表学校向圆满完成学业、开启人生新篇章的同学们表示热烈祝贺，向多年来倾心培育你们的老师表示衷心的感谢，向呵护你们成长、关心学校发展的家长表示崇高的敬意！

今天，我们共同回忆过往，展望未来，与生动而深刻的中学时代做正式的告别。深中 2023 届毕业生、现就读于上海交通大学的苏荣煌同学在"深中学子"的故事里说："深中带给我的远比我想象的多得多……这三年只是急着赶路，现在停下脚步才发现原来我已经走过这么长的路了。我爱深中，更爱深中的人和物，时间一去不复返，但是这份记忆将于你我之间永远留存。"

三年的青葱岁月，三年的黄金时光；三年来，同学们在深中努力拼搏，绽放青春光彩。在你们即将走进大学，去拥抱无限的未知和更广阔的世界之际，我想和大家谈谈人生的"相处"之道。

首先，学会与自己相处：读懂自己，践行鸿鹄之志。

你们一定要学会把内心和自我完美和谐地融合在一起，这样才能保证一个独立自主人格的形成，才能使我们在面对这个世界的时候，没有恐惧、没有担忧、没有焦虑、没有抑郁，才能知足知不足、有所为有所不为。"君子坦荡荡，小人长戚戚。"大家要学会让自己的身心平静下来，不要太在乎别人的评价，要多寻求自己内心的安稳和方向。

同学们，在你们向远方出发前，记得要读读内心，了解自己，明确方向。"路遥而不坠其志，行远而不改初衷。"践行志向的道路有荆棘也有美好，需要我们用勇气去行动，用意志去坚持，用热爱去享受。

其次，学会与他人相处：看见他人，拥有共情之心。

与他人建立健康真挚、和谐友爱的人际关系是青年成长的必修课，这门课的核心是学会共情。共情意味着我们要眼中看见他人，心中理解他人，设身处地感知他人，恰当而智慧地处理与他人的关系。所谓"君子有三变：望之俨然，即之也温，听其言也厉"。无论是在正式场合保持庄重，赢得他人的尊重和信任；还是在亲切交流中展现温和态度，倾听与理解他人；抑或是在热烈讨论中发表恰当且有力的观点，表达自己也尊重他人……这些都是共情心所展现出的风度、温度与力度，这是一种能力，更是一种美德。

同学们，在你们成长的路上，希望你们以共情心赢得他人尊重，获得更多的同道者结伴而行，这不仅能够丰富你们的人生体验，更会丰盈你们的美好心灵。

最后，学会与社会相处：奉献社会，展现担当之膺。

每个人在社会承担着不同的角色，而不同角色的背后都有各自的责任，认识并承担责任是青年成熟和成长的标志。忆往昔，无数抗战志士在枪林弹雨中杀敌，为救国救民奔走，在看得见和看不见的硝烟战火下展现生命的价值与奉献的意义。新时代背景下，无数科技工作者矢志不渝、拓荒耕耘，为科学技术进步、人民生活改善、中华民族发展作出了重大贡献。深中 2022 届毕业生、现就读于北京大学的郭玉峰同学说："在我的同学中，不乏的是仰望星空者，不乏的是立志从医者，不乏的是风雪中的抱薪者与黑暗中的执炬者。私以为广为流传的深中精神的内核不在于自由主义，不在于精英主义，而在于理想主义，在于追求卓越、敢为人先。我们不必都成为伟人，但我们需要理想照亮现实。"

亲爱的同学们，如今的你们是时代的先锋，是国家的希望，希望你们以理性之智了解自己，以共情之心温暖他人，以担当之膺服务社会。实现个人与社会的共同发展，完成个人价值和社会价值的和谐统一，这不仅是一种荣耀，更是一种担当。

九万里风鹏正举，朝夕间千帆待发。2024，凌云壮志！祝愿2024 届的同学们在人生新起点，展翅高飞，千帆竞发，面朝大海，春暖花开！

谢谢大家！

2024 年 6 月 11 日